客户心理与沟通技巧

第 2 版

王敏　主编

国家开放大学出版社·北京

图书在版编目（CIP）数据

客户心理与沟通技巧/王敏主编. ――2版. ――北京：
国家开放大学出版社，2024.2
ISBN 978-7-304-12248-5

Ⅰ.①客… Ⅱ.①王… Ⅲ.①企业管理－供销管理－
职业教育－教材 Ⅳ.①F274

中国国家版本馆CIP数据核字（2024）第036456号

版权所有，翻印必究。

客户心理与沟通技巧（第2版）
KEHU XINLI YU GOUTONG JIQIAO
王敏 主编

出版·发行	国家开放大学出版社
电话	营销中心 010-68180820　　总编室 010-68182524
网址	http://www.crtvup.com.cn
地址	北京市海淀区西四环中路45号　　邮编：100039
经销	新华书店北京发行所

策划编辑：唐　华　　　　　　　版式设计：何智杰
责任编辑：张子翱　　　　　　　责任校对：张　娜
责任印制：武　鹏　沙　烁

印刷：廊坊十环印刷有限公司
版本：2024年2月第2版　　　　2024年2月第1次印刷
开本：787mm×1092mm　1/16　　印张：10.75　　字数：218千字

书号：ISBN 978-7-304-12248-5
定价：28.00元

（如有缺页或倒装，本社负责退换）
意见及建议：OUCP_KFJY@ouchn.edu.cn

Preface 序一

客户信息服务是呼叫中心产业相关岗位的惯用称谓，随着呼叫中心产业的发展，其内涵不断丰富。如今，呼叫中心已经成为人们日常生活中不可或缺的服务，其服务形式由语音服务扩展到互联网；其服务载体由电话扩展到任意手持终端；其服务内容由售后服务、售前资源扩展到企业后台业务集中处理、社会公共治理和公共服务等领域。今天的呼叫中心可以让人们在任何时间、任何地点，使用任何终端和形式获取便捷的服务。

呼叫中心已经越发成为企业的核心部门。首先，企业通过呼叫中心实现后台业务集中处理，极大地降低了服务成本，提高了服务效率；其次，企业通过呼叫中心增强了客户体验，提升了服务品质，提高了客户忠诚度；最后，企业通过分析由呼叫中心收集的大量客户反馈数据，可以制定产品战略和服务战略。

呼叫中心的特点是通过远程方式，在非接触状态下为用户提供服务。因此，其对从业人员的职业技能和综合素质要求都非常高。从业人员不但要掌握呼叫中心的服务流程和系统操作，还要掌握所提供服务的业务，更需要有良好的心理素质，并在实践中不断积累沟通经验和技巧。呼叫中心的从业人员是伟大的幕后英雄，因为你们解决的每一个小问题都可能是用户的燃眉之急！你们可能还要承受由于用户的焦急所带来的心理压力！但请你们相信，你们默默地付出会让这个世界充满温暖和光亮，也会有不计其数的人默默地祝福你们！

近年来，中华人民共和国教育部为适应呼叫中心产业发展对高素质技术技能型人才的需求，深入推动产教融合，为蓬勃发展的呼叫中心产业提供了人力资源和智力支撑。全国电子商务职业教育教学指导委员会在教育部的部署和指导下，完成了《中等职业学校客户信息服务专业教学标准（试行）》的组织起草，拍摄了《职业教育助力呼叫中心产业发展》专题片，组织了呼叫中心产业与职业教育论坛等工作，这些工作得到了相关企业和中央广播电视大学出版社①的大力支持。

这套客户信息服务专业"十二五"国家规划教材的出版，是客户信息服务专业建设的基础。中央广播电视大学出版社广泛团结了行业、企业、学校参与到教材的编写工作中，从形式到内容都融合了呼叫中心产业和互联网发展的最新理念和技术。愿这套教材的出版，能够有效地推动客户信息服务专业的教学改革与发展，也祝愿投身于呼叫中心产业的学子们学有所成！

全国电子商务职业教育教学指导委员会　副主任

2015 年 4 月

---

① 现国家开放大学出版社。

Preface 序二

本人的职业生涯从大学老师开始。整整六年和学生们朝夕相处、教学相长的同时，我对教育也有了肤浅的认识。后来投身到呼叫中心行业，我依然最喜欢出入于运营现场，和一线的"耳麦天使"们在一起。伴随着呼叫中心这个行业一步步地发展，我积累的经验也日益丰富，这已成为我毕生的财富。

刚当老师那会儿，我读朱自清的文章《教育的信仰》，很震撼，深以为然。当国内呼叫中心（乃至所有现代服务业）岗位不同程度地出现人员招聘难、流失高、胜任能力普遍严重不足的时候，我们开始回过头来认真思考：如何在我国从零开始建立呼叫中心职业教育的基础。这个命题无可回避、关乎信仰，于是，我决定投身其中。细细再想，工作目标巨大而遥远，我们是否真的要踏上这条不归路？我们是否真的有这样的能力去担这个责任？！

从中国电信"九七"工程开始，呼叫中心在国内已发展了近二十年，据国家统计局《战略性新兴产业分类（2012）（试行）》所公布的相关信息，呼叫中心的行业代码为6592。这为呼叫中心作为一个独立的战略性新兴产业的发展奠定了政策层面的基础。然而呼叫中心又不同于其他产业，属于人才密集型产业，对标准化、应用型人才的综合素养要求十分严格，从业人员不仅需要懂得行业的规范和标准、了解企业文化、掌握专业服务知识，同时又需要具备非常强的沟通能力、较高的职业素养、熟练的服务技巧等。因此，这对行业、企业和职业院校来说是一个巨大的挑战，其不但需要明确培养的标准体系，还需要具体研究产业与教育融合的方式方法，探索成功模式。

在本人超过十五年的呼叫中心的从业经历中，"创建"和"推动"就一直是工作当中最常出现的两个关键词。基于上述种种考量，我们最终决定要集合呼叫中心全行业的力量，尝试去主动接轨职业教育的培养途径，进而根本解决呼叫中心人才入口和晋升通路的问题，因为我们坚信：夯实教育，就是为呼叫中心赢得未来。

中华人民共和国教育部于2010年增设了呼叫中心相关专业，短短几年的发展，全国已经有超过300所职业院校设立了呼叫中心相关专业，每年通过职业院校向呼叫中心行业对口输出人才已超过万人。于是，我们积极地参与《中等职业学校客户信息服务专业教学标准（试行）》制定工作，并结合标准的体系和要求，配合中央广播电视大学出版社组织编写相关教材。接下来我们将结合教材的内容完成数字化教学资源的建立，组织面向全国的本专业师资培训，并同步大力推动产教融合和中高职衔接，推动呼叫中心从业人员职业生涯的全程管理和全阶段在岗学习。

推动呼叫中心与职业教育深度融合是我本人过去五年和未来若干年的工作重点之一。这些年我参与这样一个过程，酸甜苦辣感悟颇多，期待与本书的各位读者共勉！

客户世界机构（集团）创办人　呼叫中心运营专家
赵　溪
2015年4月

Foreword 第 2 版前言

近年来，随着大数据、人工智能、5G 技术等新一代信息技术的深入应用，呼叫中心的服务类型更加丰富，行业发展进入全新时代，越来越多的国内企业加入呼叫中心的行列，国际企业也纷纷进入中国市场，中国呼叫中心企业数量迅速上升，该领域需要更多的符合呼叫中心素质要求的人员加入到呼叫服务人员的队伍中来。

客户信息服务专业是中华人民共和国教育部为适应服务外包与呼叫中心产业发展，应对呼叫中心人力资源需求市场而专设的专业。本教材是在 2015 年 8 月第 1 版的基础上，全面总结呼叫中心岗位的核心能力，并依据 2022 年中华人民共和国教育部颁发的《中等职业学校客户信息服务专业简介》中的主要专业能力要求进行修订的。教材结合课程特色融入了思政元素，是培养呼叫中心工作人员的一本难得的教材，供中等职业学校客户信息服务专业教学使用。其特点如下：

（1）理念新。根据职业教育的目标，本教材把培养学生的综合能力作为人才培养的重点，为充分发挥课程的育人作用，在教学案例中融入思政元素。

（2）内容新。本教材在 2015 年 8 月第 1 版的基础上进行了修订完善，增加了更加适用的教学内容和情境案例。内容既紧扣呼叫中心坐席员的核心能力点，又兼顾职业能力中的关键能力。

（3）体例新。本教材每个项目按照项目导学、学习目标（认知目标、情感目标、能力目标）、情境导入、任务要求、知识准备、任务实施、评价与反馈、巩固与提高的顺序编排，每个项目的教学都配有大量案例及互动训练，教材体例新颖，又充满趣味性，提高了学生的学习兴趣。

本教材可供中等职业学校的学生使用，也可作为企业员工培训和自学参考的读物。希望大家能从中受益，不断提升沟通能力。

本教材由昆明铁道职业技术学院高级讲师王敏担任主编，参加修订的人员还有中国银行股份有限公司昆明市盘龙支行的唐媛、东方航空技术有限公司云南分公司的杨智麟。

由于编者学识所限，教材中难免有不足之处，殷切希望专家与读者不吝赐教。

编者

2023 年 9 月

Foreword 第1版前言

近年来，呼叫中心在我国作为一个新兴产业正以每年20%左右的速度增长，并随着产业的发展逐渐走向成熟。呼叫服务已经成为政府、企业、社会共同需要的新型服务模式。随着呼叫中心产业的发展，该领域需要更多的符合呼叫中心素质要求的人员加入到呼叫服务人员的队伍中来。

客户信息服务专业是中华人民共和国教育部为适应服务外包与呼叫中心产业发展，应对呼叫中心人力资源需求而专设的专业。本教材是在全面总结呼叫中心坐席员的核心能力的基础上，依据2013年中华人民共和国教育部颁发的《中等职业学校客户信息服务专业教学标准（试行）》（以下简称"新教标"）中的专业核心课程"客户心理与沟通技巧"的教学内容和要求进行编写的，是培养呼叫中心工作人员的一本难得的教材，供中等职业学校客户信息服务专业教学使用。其特点如下：

（1）理念新。根据职业教育的目标，本教材把培养学生的综合能力作为人才培养的重点，而沟通能力既是一种最基本的能力，又是一种可持续发展的能力，是职业能力中的关键能力。

（2）内容新。本教材是根据2013年"新教标"中"客户心理与沟通技巧"的教学内容和要求，分客户心理、沟通概述、倾听技巧、沟通中的感染力、有效提问、确认的技巧与同理心的运用、客户投诉处理七个部分进行编写的，内容既紧扣呼叫中心坐席员的核心能力点，又兼顾职业能力中的关键能力。

（3）体例新。本教材每部分按照项目导学、学习目标（认知目标、情感目标、能力目标）、情境导入、任务要求、知识准备、任务实施、巩固与提高的顺序编排，当中穿插了许多案例和互动训练，教材体例新颖，又充满趣味性，有利于提高学生的学习兴趣。

本教材由云南省邮电学校的高级讲师王敏担任主编，参加编写的人员还有中国电信股份有限公司云南分公司的项目经理陈飞，以及云南省邮电学校的李梅、唐倩老师。

  本教材可供中等职业学校的学生使用，也可作为企业员工培训和自学参考的读物。希望大家能从中受益，不断提升沟通能力！

  由于编者学识所限，教材中难免有不足之处，殷切希望专家与读者不吝赐教。

编者

2015 年 4 月

CONTENTS 目 录

项目1 客户心理 …………………………………… 1

任务1 客户心理的重要性 …………………………………… 2

任务2 与客户达成沟通共识 …………………………………… 8

任务3 在沟通过程中把握客户需求 …………………………………… 13

项目2 沟通概述 …………………………………… 21

任务1 沟通的内涵 …………………………………… 22

任务2 沟通的原则、特点及类型 …………………………………… 28

任务3 沟通的要点 …………………………………… 33

项目3 倾听技巧 …………………………………… 39

任务1 倾听的意义和影响倾听的因素 …………………………………… 40

 子任务1 倾听的意义 …………………………………… 41

 子任务2 影响倾听的因素 …………………………………… 45

任务 2 倾听的艺术 ······ 49

子任务 1 倾听的原则 ······ 50
子任务 2 客户服务过程中的倾听技巧 ······ 56

项目 4 沟通中的感染力 ······ 61

任务 1 声音的感染力 ······ 62

任务 2 身体语言的感染力 ······ 66

子任务 1 非语言沟通的定义和功能 ······ 66
子任务 2 对身体语言的解读 ······ 69
子任务 3 非语言信息的控制和运用 ······ 71
子任务 4 微笑的运用 ······ 75

任务 3 交谈的感染力 ······ 78

子任务 1 交谈的启动 ······ 78
子任务 2 在交谈过程中进退自如、游刃有余的技巧 ······ 81
子任务 3 使客户接受和信服你的沟通 ······ 84
子任务 4 客户服务中的语言技巧 ······ 87
子任务 5 用赞美来提升感染力 ······ 90

项目 5 有效提问 ······ 95

任务 1 提问的方法和技巧 ······ 96

子任务 1 提问的方法 ······ 97
子任务 2 提问的技巧 ······ 100

任务 2 提问的几点注意事项 ······ 103

项目 6 确认的技巧与同理心的运用 ······ 107

任务 1 确认的技巧 ······ 108

子任务 1 确认的作用 ······ 108

子任务 2 确认的时机 ·· 112
子任务 3 确认的话术 ·· 115

任务 2 同理心的运用 ··· 117

子任务 1 同理心概述 ·· 117
子任务 2 同理心的运用技巧与训练 ································ 120

项目 7 客户投诉分析与处理 ······································ 126

任务 1 客户投诉分析 ··· 127

子任务 1 正确认识投诉 ·· 128
子任务 2 客户投诉的心理分析 ····································· 139

任务 2 客户投诉处理 ··· 143

子任务 1 投诉处理的步骤 ··· 144
子任务 2 投诉处理的技巧 ··· 148
子任务 3 投诉处理应注意的问题 ·································· 151

参考文献 ·· 156

项目 1　客户心理

📚 项目导学

不同的客户有不同的性格，坐席员应使用不同的方式与之沟通。成功的坐席员是一个伟大的心理学家，因为客户服务的结果就是坐席员与客户心灵碰撞与交锋的结果，客户认同的不仅仅是坐席员的产品或服务，更是坐席员的人和心。因此，无论是开展呼叫中心客户服务，还是进行电话销售，了解客户心理对于坐席员来说是非常重要的。

📚 学习目标

认知目标

了解客户心理与服务沟通的重要关系，通过对客户心理的分析，掌握不同行为类型客户的心理，从心理的角度把握与客户沟通的技巧。

情感目标

了解客户心理，与客户达成合作共识。

能力目标

能根据客户人际风格的类型与客户进行有效沟通，提高达成合作共识的比例。

任务1 客户心理的重要性

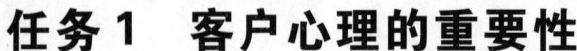

本案例中的销售方人员为阿里聪聪网国内客户服务部的电话销售人员白雪。该公司是一家知名的电子商务服务机构,致力于为广大客户提供一个安全而又高效的网络电子商务交易平台。其具体销售的产品为"诚信宝"服务,客户只需要支付一定的年费,就可以成为付费会员,享受到更加靠前的搜索排名、更加全面的店铺展示,更可以查询买家具体信息资料,并且可以拥有实地检测、认证等多项免费会员无法享受到的服务。

客户方为一家从事迷你音响制造与销售的小型电子工厂,具体联系人为该公司市场部的苏彤经理,其刚刚在一周前申请注册成了阿里聪聪网的免费会员。

本案例呈现的是第一通电话的全景实录:①

电话销售人员:"早上好,请问是苏经理吗?"

客户:"是的,我是苏彤,请问是哪位?"

电话销售人员:"我是阿里聪聪网国内客户服务部的白雪,苏经理,请问您现在接电话方便吗?"

客户:"方便,白小姐,请问有什么事情吗?"

电话销售人员:"是这样的,苏经理,今天特地打电话给您是想代表我们公司真诚地向您道谢,感谢您对我们的信任与支持!"

客户:"道谢?为什么您要道谢?"

电话销售人员:"是这样的,苏经理,前几天贵公司注册成为我们的免费会员,通过我们这个平台去推广贵公司的产品,为了感谢您对于我们阿里聪聪网的信任与支持,我特地打电话给您,同时预祝贵公司财源广进,生意兴隆!"

客户:"哦,原来是这样。其实按道理,应该是我们感谢你们提供了一个这么好的平台才对!白小姐太客气了!"

电话销售人员:"其实今天我打电话给您,除了向您道谢,还有另外一件事情。"

客户:"什么事情?你说说看!"

电话销售人员:"苏经理,因为我是负责您这个地区的客户服务代表,所以在给您打

---

① 李智贤,陈思. 电话销售中的心理学. 北京:机械工业出版社,2009:53.

电话之前，我先花了一些时间看了一下您在阿里聪聪网上面的店铺展示，感觉贵公司的产品还是相当不错的，同时我也觉得如果您能将店铺展示的某些地方稍微改善一点点，增加一些内容，推广的效果可能会更好，只是不知道我说的这些可以改进的地方是否妥当，您会不会怪我？"

客户："怎么会怪你呢！我感谢你都来不及呀！有什么意见白小姐尽管提！但说无妨！"

电话销售人员："我的想法是这样的，其实网上开店展示和我们生活中开店铺的道理是一样的，最重要的是能够吸引客人的注意，只不过差别在于，现实之中客户看到的是商品的实体，而网店里面客户看到的是图片。因此，图片质量的好坏就显得非常重要，我觉得贵公司的图片如果再做得漂亮一些的话，可能效果会更好，您认为呢？"

客户："是的，是的。当时我的确没有注意到这一点，图片就是在公司展厅随便拍的，效果确实不好。不过这个改正应该比较容易，我回头重新拍一些照片再把它们上传就可以了。白小姐，还有其他方面吗？"

电话销售人员："还有一个方面，我觉得在产品的展示上做到重点突出会比较好，您这边一共罗列了18款产品，但是每个公司都应该有自己的主打产品，客户打开页面时，应该一眼就看到您最有优势的产品。"

客户："有道理，确实应该这样做。"

电话销售人员："对了，苏经理，顺便问一下，贵公司的主打产品是什么？"

（大家看看，此时电话销售人员顺便问了一个关键背景问题，客户就很愿意配合回答。没有前面的铺垫，如果一开始就问，客户说不定会不愿意从正面回答，而这个关键背景问题的答案，可以为后续对话打好基础。）

客户："主打展品是2.1版的迷你音响，就是带USB接口、内置DVD光驱、黑色钢琴烤漆的那款。"

电话销售人员："请您稍等一下，我看看（打开对应网页），挺漂亮的。现在这种带USB接口、可外接MP3又内置DVD光驱的迷你音响很流行，在我们网站上销售得很好。其实您在店铺展示的时候，可以把这款产品作为重点进行宣传，除了图片，还可以加上一些文字说明或者视频介绍。"

客户："是的，我回头会重新再修改一下，还有其他方面吗？"

电话销售人员："我觉得网络推广和传统销售渠道有个很不同的地方，就是客户信任度的问题，走渠道路线大家是一手交钱、一手交货，显得比较安全，而在网上大家就会觉得安全性没有那么强，保障程度不够高。"

客户："是的，网络贸易，大家确实会比较谨慎。"

电话销售人员："因此，我觉得如果您能够上传一些如公司认证、登记证、荣誉证书、生产车间的照片等资料，对于增强客户对贵公司的信任比较有帮助。"

客户:"嗯,看来要做的工作还真不少呀!"

电话销售人员:"有收获当然就应当有付出,关键是付出得有回报。对了,苏经理,您这边以前接触网络推广或者电子商务的机会多吗?"

(大家看看,电话销售人员又顺便问了一个关键背景问题,而客户对于电子商务的了解对后续对话是非常重要的,它决定了后续对话是否需要讲到一些基础的专业电子商务知识。)

客户:"不多,我们以前主要是走经销商路线,不过电子商务是大势所趋,而且现在全球金融危机又这么严重,网络推广相对可以降低成本,所以这不就在你们阿里聪聪网上面注册并开始推广了吗?"

电话销售人员:"明白明白。苏经理,回头我发一份关于如何做网络推广的资料到您邮箱里,资料包括一些如何做店铺展示、如何编排网页、如何有效行销的方法与具体案例,您可以参考借鉴一下,您看怎么样?"

客户:"那实在是太感谢了,您就发到我们注册登记的那个邮箱地址吧!"

电话销售人员:"好的,苏经理,我今天就发邮件给您。顺便问一下,在推广方面,您还有没有什么地方需要我提供支持的?"

客户:"这个暂时还没有想到,不过如果有需要,我会随时打电话向你请教的!"

电话销售人员:"请教谈不上,服务客户是我的本职工作。那您看这样好不好,您先修改一下,修改好之后我帮您看看,后天上午我再打电话给您,大家做进一步的沟通,好吗?"

客户:"好的,好的,那后天上午联系!"

我们先看看在案例中,电话销售人员在哪些地方巧妙地使用了"互惠定律",具体如下。

(1)电话销售人员开场的时候表示是来"道谢"的,而原因是客户使用了他们公司的平台进行业务推广。基于对等的原理,客户应该"还礼"才对。

(2)电话销售人员表示打电话给客户之前"先花了一些时间"看过客户在阿里聪聪网上面的店铺展示,这说明她给客户打电话之前已经有过付出,而客户会对此进行回馈。

(3)电话销售人员打电话最主要的目的是给客户提建议,一个毫不相识的人,今天非常真诚地给你提出种种宝贵意见,设身处地想一想,客户能不感动吗?不过看了这个案例,或许你会想:电话销售人员花了这么大的力气给客户提出了种种建议,却在整通电话中没有一句提到自己所要销售的"诚信宝"服务产品,那又是为什么呢?

这就是"互惠定律"的妙用所在,也是推销高价值产品在第一通电话时真正应该做的事情!

在第一通电话里问高压力问题而使销售中断的案例太多了,所以如果今天你所销售的产品是那种需要详细了解客户的背景资料之后,才有可能将客户的潜在需求开发为明显需求的产品,如有关软件、互联网、管理咨询等方面的产品,请你务必在第一通电话里不要过多涉及产品的介绍,而尽量按照该案例的方式,运用"互惠定律"先和客户建立良好的关系。有了这道关系,你以后自然会有无数的机会去挖掘客户的需求。

运用"互惠定律"和客户建立良好的关系,还有另外一种情况,即假设客户本身就存在明显的需求,而当你的产品和竞争对手的产品在各个方面都差不多的情况下,如能有效地运用"互惠定律"先建立良好的关系,就能更容易达到成交的目的。

看完这个案例,大家对客户心理的重要性应该有所了解。研究客户心理能让我们与客户的沟通更加顺畅,让销售与服务更加容易达到目的。

任务要求

有的服务人员直接评价客户身上的衣服或鞋子旧了,没有档次,他们本来是希望客户能够购买新的产品,但没想到这样的评价让客户难以接受;有的服务人员不着边际、漫无目的地与客户随便调侃,结果忽略了主题,谈了半天,客户也不知道要买什么东西;有的服务人员急于向客户展示产品,滔滔不绝,但没等到"演讲"完毕,客户已经没有耐心听下去了。因此,我们应了解造成这些错误的沟通方式的原因,并掌握正确的沟通方式。

知识准备

一、客户心理与服务沟通的重要关系

在现代市场中,生产者、经营者和消费者是一个有机的整体,在为客户服务的过程中,销售人员通过细心观察客户的言谈举止和表情流露,了解他们的购买心理,如需求、偏爱、顾虑等,有意识地采取恰到好处的接待方法,就能把整个服务过程变成一种令人心情舒畅、欢乐喜悦的交际活动,促成客户的购买行为,提高客户的服务满意度。

从心理学角度来考虑,要在客户千变万化的购买行动中掌握他们的心理特征和心理需求,是一件极为复杂、极为细致的工作。客户心理学正是为学习探索这一问题、回答这一问题提供了相关知识与方法。它教授服务人员一定的心理学知识,培养其良好的心理素质,从而使服务人员在服务中掌握客户心理活动变化的规律,全面了解客户在服务各个时期的心理需求,以便确定服务策略与服务艺术。

客户心理学认为每个客户都有五种类型的需求(说出来的需求;真正的需求;情绪满足的需求;满足后令人愉悦的需求;隐秘被保护的需求)和四种类型的需要(被关心;被倾听;服务人员专业化;迅速反应),有效的服务沟通就是在不同的阶段探寻客户不同的心理需求，以达到为客户提供服务的目的。

案例 1

三声问好反遭投诉

某家大型酒店的服务员早晨向一位客人问候了三声"先生，您好"，没想到却被这位客人投诉到总经理那里。原来，那位客人有早起散步的习惯，当天，客人起来散步，出门时服务员问候了一声"先生，您好"；散步回来进门时，服务员又问候了一声"先生，您好"；上电梯时，一位服务员问候了第三声"先生，您好"。这位客人面对如此礼遇，反而把服务员投诉到酒店总经理那里。为什么服务员的服务这样规范还会被投诉？

案例 2

"您出去呀"惹怒了客人

在一家酒店的客房服务台，一位女服务员正在值台服务。这时，一位美国小姐从她的房间走出来，服务员一见，就用中文问了一句："小姐，您好！您出去呀？"这位美国小姐略通中文，她说："你说的'小姐，您好'我懂，那'您出去呀'是什么意思？"这位服务员解释道："我们平时见到朋友，习惯问'你出去呀、你去公园、你去工作呀等'。"这位小姐只听懂了"出去、公园、工作"这几个词，其他就不懂了，立即翻了脸，说服务员侮辱她。服务员反复解释，由于语言不通，越解释客人越恼怒。该小姐一气之下找到总经理进行投诉，说服务员侮辱她的人格，说她是去公园工作的妓女，要求饭店做出解释。总经理出面了解了事情真相，并代表酒店向客人道歉。

二、客户的感性激发

人会因情绪的影响而产生感性和理性两种态度，而感性和理性又各自分为常规的和非常规的，或者说积极的和消极的。例如，夫妻吵架时，彼此的情绪非常激动，所以他们的思维大多是感性的，但这个感性是非常规的或者说是消极的，处于消极的感性状态的男女心存太多的不满，严重者会破口大骂甚至大打出手，很多人事后很后悔自己当时的鲁莽和失控，如果这时候能有一股外来的力量令当事者的思维处于积极的理性状态，比如想想当初二人恋爱时的恩爱行为，必然会有很多令人难忘的感动之处，吵架也就没有什么必要了。

反映在女性消费者身上，其在感性状态下和理性状态下的选择会有所不同。通常其在感性状态下购买的衣服大部分只穿一次或者很少穿，而在这种状态下其在购物上的支出是其在理性状态下的三倍之多，最为明显的是女性受爱情的影响最大，通常在夫妻感情发生矛盾时期，女性容易产生购物的冲动，以弥补感情上的创伤，有些女性甚至有一种"干脆把这个男人的钱彻底花光"的报复心理。这样的客户如果到店里来，等于是给服务人员"送钱"来了，但服务人员还是要注意细节，把握好客户的思维，然后运用针对性策略来应对。通过巧妙的方法和真情的投入促使客户产生积极的感性，这是最值得商家去做的。积极感性的产生往往来自真诚的细节，看上去只是平常的一次商品交易行为，但如果设计得巧妙，真正为客户着想，客户也会感受得到，而这个感受就会对客户的心理产生影响。例如，超越客户预期的服务方式和服务语言，让客户感动的周到和细致，甚至超越服务范围的帮助等，都会令客户内心的理性彻底瓦解而使其变得感性起来。

任务实施

快乐动物园

情绪有正性与负性之分，有些正性情绪，如兴奋、幽默可以激发人的创造力，而许多负性情绪，如痛苦、焦虑则会阻碍人发挥创造力。我们每个人都可能有因成功或失败而导致情绪波动的经历，下面这个游戏可以让你体验情绪在问题解决中的强大作用，更可以训练幽默感和乐观的情绪。

这个游戏要求你和一些同学一同做，而且要求你偏离一贯的社会行为。游戏的内容是要你模仿动物园里动物的叫声。

根据下表决定你要学的动物是什么：

你姓氏汉语拼音的第一个字母	动物的名称
A ~ L	狮子
M ~ R	牛
S ~ Z	鸟

现在选择一个伙伴（最好挑一位不太熟悉的同学作为伙伴），彼此盯着看，目光不能转移，同时用嘴大声学动物叫，至少10秒钟。在这个游戏中你的感觉如何？

任务2　与客户达成沟通共识

情境导入

中国消费者消费心理的变化

1988—1990年，中国消费者陷入非正常购物怪圈，一些消费者家庭的消费支出打破了计划性，不是量入为出，而是有钱就花，为了追赶消费潮流盲目地把货币变成商品；一些消费者家庭没有摆好即期消费和中远期消费的关系，在市场上超常购物，有的消费者无消费目的地多买多存，影响了中远期消费；一些消费者的购物心理短时期内出现逆向转移，购买心理动机由求稳、求全、求廉、求实发展为随多、喜新、争胜、保值，而后又转回求稳、求全、求廉、求实。这个非正常的购物圈，不仅圈住了消费者正常消费的手脚，也制约了我国消费品生产、流通、消费的正常运行，许多生产企业由此陷入困境，企业销售人员竭尽全力进行推销，仍没有减轻企业因产成品货满为患、资金占压过多而无法运营的压力。

1990年以后，中国消费者的消费心理又出现了变化，人们在购买行为上出现了"十买十不买"。十买是：①名牌、质高、价格适中的商品买；②新潮、时代感强的商品买；③新颖、别致、有特色的商品买；④迎合消费者喜庆、吉祥心理的商品买；⑤名优土特产商品买；⑥拾遗补阙的商品买；⑦卫生、方便、节省时间的商品买；⑧落实保修的商品买；⑨价廉物美的商品买；⑩日用小商品买。十不买是：①削价拍卖的商品不买；②宣传介绍摆"噱头"的商品不买；③无配套服务的商品不买；④无特色的商品不买；⑤缺乏安全感的商品不买；⑥一次性消费的商品不买；⑦无厂家、产地、保质期的"三无"商品不买；⑧监制联营的商品不买；⑨粗制滥造的商品不买；⑩不符合卫生要求的商品不买。由此可见，人们的消费心理和行为与之前相比明显更加理性化。

思考题

1. 上述事例能否说明消费者的消费心理对市场波动产生重要的影响？为什么？
2. 20世纪90年代以后，消费者购买行为出现"十买十不买"的原因何在？
3. 运用自我观察法剖析个人消费心理的特点。

任务要求

通过学习了解客户的消费心理。

 知识准备

一、客户眼里的服务沟通

沟通创造需求，客户的意见、想法、需求和企业的服务理念、服务特色的传递都离不开沟通，客户服务中没有沟通就不可能有优质的服务，沟通可以实现企业与客户之间的互动，企业通过沟通可以了解客户对产品或服务不同的诉求。

二、使客户做出购买决定的因素

要想使客户做出购买决定，应考虑从以下几个方面入手。

（1）寻找卖点，有哪些卖点是竞争对手所不及的？有哪些优点是自己以前没有发现的？如此追索出卖点，针对卖点思考包装手法，完成初步的准备。

（2）展现卖点的手法应有条不紊、言之有物，从创意上做到自成体系，以吸引客户，使对方产生进一步了解你的产品的欲望。此外，对答如流是积极推销的基本要求，与客户交流时即使对方未问及产品的长处，也应适时把握机会展现，不要客户问一句你答一句，应化被动为主动。

（3）尽管你拥有一件好产品，但若找不到好买主或商品规格不符合对方的需求，有价无市也是枉然。因此，在沟通时应将对方的需求和自己产品或服务的长处进行有效契合，让对方有"舍你其谁"的感慨，那么此次沟通便成功了。

（4）推销虽然是主动提出沟通意向，但绝不可将产品或服务定位成廉价商品低价求售，如果自认是高品质的产品或服务，就不必降格以求。

（5）不管是便宜还是贵的产品，买主总希望它的质量及服务能靠得住。因此，在提供产品或服务时，一定要让对方有信得过的感觉。

三、与客户达成共识的决定性因素

销售是销售人员在销售的发起方需求与销售的接受方需求之间寻求共同点和契合点，从而使双方的需求均得到满足的行为。根据该定义，销售的本质就是在销售人员的需求和客户的需求之间找到共同点和契合点，将两种需求结合起来，让双方的需求均能够得到满足。销售人员的需求是把他想卖的产品或服务以一个好的价格卖给客户。客户的需求是用合理的投入产出比得到他想要的产品和服务。销售人员开发客户的整个过程其实就是寻找愿意出合适的价钱买自己的产品或服务的目标客户，并与目标客户达成共识的

过程。该过程主要包括以下几个步骤。

第一步，寻找，找到可能存在需求的潜在目标客户。

第二步，初次筛选，与潜在目标客户确认其是否真的对自己的产品或服务存在需求。如果存在需求，则将潜在客户变为目标客户；如果没有需求，则放弃跟踪。

第三步，就双方需求找到共同点和契合点，明确合作意向。

第四步，成交。

四、客户做决策的心路历程

1. 确认需求

关注之后产生兴趣，即进入喜欢阶段。这一阶段主要是客户为决策限定范围并明确指向，确认需求内容，确定寻求满足需求的途径和方法。

2. 寻求方案

寻求方案是有效决策的基础。这一阶段主要是客户收集、加工有关商品的信息，制定满足需求的若干方案。

3. 评价方案

评价方案是择优方案的基础。这一阶段主要是客户对上述各种方案的利弊进行评价与比较，评价标准因人而异，但可归结为所费与所得比较。

4. 择优方案

择优方案是整个决策中的实质性环节，客户要从各种方案中选择以供实施的最优方案，标准因人而异，可归结为费用最少、最大限度满足需要。

5. 购后评价

购后评价可作为客户下次正确决策的依据，也可验证其所选择的方案是否为最优方案。

五、客户的心理期望和管理

客户在接受产品或服务以前，会对产品或服务过程和服务结果有一个想象和推断，这就是客户的期望。客户期望是一种主观心理状态，这种状态与实际情况有时大体上一致，有时并不相符，或高或低。

由于客户的期望决定着客户对产品或服务的选择和消费时的服务满意度，所以研究客户期望是营销的一项重要内容，我们有必要对客户进行"期望管理"。我们应该不断了解客户对产品或服务有哪些期望，实际期望值有多高。了解了客户的期望，便于我们有针对性地采取措施，提高服务水平，更好地实现或超越客户的期望，同时也便于我们充分利用有限资源，在客户关注的问题上进行改进，达成相对最佳效果。

任务实施

"佳佳"和"乖乖"的不同命运①

"佳佳"和"乖乖"是香脆小点心的商标，曾经相继风靡20世纪70年代的台湾市场，并掀起过一阵流行热潮，致使同类食品蜂拥而上，不胜枚举。然而时至今日，率先上市的"佳佳"在轰动一时后早已销声匿迹了，而竞争对手"乖乖"却经久不衰。为什么会出现两种截然不同的命运呢？经考察发现，"佳佳"上市前做过周密的准备，并以巨额的广告申明：销售对象是青少年，尤其是恋爱男女，还包括失恋者——广告中有一句话是"失恋的人爱吃佳佳"。显然，"佳佳"把希望寄托在情人的嘴巴上，而且其口味是咖喱味，并采用大盒包装。"乖乖"则是以儿童为目标，以甜味与"佳佳"的咖喱味抗衡，并采用廉价的小包装，去吸引敏感而又冲动的孩子们，叫他们在短时间内就能吃完，嘴里留下余香，这就促使疼爱孩子们的家长重复购买。为了刺激消费者，"乖乖"的广告直截了当地说"吃"——"吃得个个笑逐颜开!"可见，"佳佳"和"乖乖"有不同的消费对象、不同的包装、不同的口味和不同的广告宣传，正是这几个不同，最终决定了两个竞争者不同的命运："乖乖"征服了"佳佳"，而"佳佳"昙花一现。

消费心理研究指出，在购买活动中，不同消费者的不同心理现象，无论是简单的还是复杂的，都存在消费者对商品的认识过程、情感过程和意志过程这三种既相互区别又相互联系、相互促进的心理活动过程。

首先，从消费者心理活动的认识过程来看，消费者购买行为发生的心理基础是对商品已有的认识，但并不是任何商品都能引起消费者的认知。心理实验证明，商品只有某些属性或总体形象对消费者具有一定强度的刺激以后，才会被选为认知对象，如果刺激达不到强度或超过了感觉阈限的承受度，都不会引起消费者认知系统的兴奋。商品对消费者刺激强弱的影响因素较多，商品包装规格的设计、消费对象的确定、宣传语的选择均对消费者产生不同程度的刺激。以"佳佳"和"乖乖"为例，消费者对新产品的基本心理定势是"试试看"，而"佳佳"却采用大盒包装，面对偌大一包不知底细的食品，消费者不免心存疑虑，往往不予问津；而其消费对象限于恋爱男女，又赶走了一批消费者；再加上广告语中的"失恋的人爱吃佳佳"一语，又使一部分消费者在与我无关的心理驱动下对其视而不见、充耳不闻。"乖乖"的设计则颇有吸引力：一是廉价小包装，消费者在"好坏不论，试试再说"的心理指导下愿意一试，因为量小，若品尝不佳，损失也不大；二是广告突出了"吃"字，吃得开心，开心地吃，正是消费者满足食欲刺激

---

① 徐萍. 消费心理学教程. 4版. 上海：上海财经大学出版社，2012：48-49. 略有改动。

的兴奋点。二者对比,"乖乖"以适度、恰当的刺激引起了消费认知,在市场竞争中最终击败了"佳佳"。

其次,从消费心理活动的情感过程来看,通常情况下,消费者完成对商品的认知过程后,具备了购买的可能性,但消费行为的发生,还需要消费者情感过程的参与。积极的情感如喜欢、热爱、愉快,可以增强消费者的购买欲望,反之,消极的情感如厌恶、反感、失望等,则会减弱消费者的购买欲望。"佳佳"的口味设计——咖喱的辣味与恋爱情调中的轻松与甜蜜不太相宜,再加上"失恋的人爱吃佳佳"这种晦气的印象,都会给人以消极性的情感刺激。因此,它最终败下阵来也就没有什么奇怪的了。

在商品购买心理的认知过程和情感过程这两个阶段,"佳佳"都未能给消费者造成充分的良性情感刺激,失去了顾客的爱心,而"乖乖"则给人以充分的积极情绪的心理刺激,大获消费者青睐。因此,消费者在意志过程的决断中当如何取舍,已在不言中了。

思考题

1. 你同意上述分析吗?为什么?
2. 在以上案例中你认为消费者三种心理活动过程之间的关系是怎样的?
3. 试就某一产品的成功销售分析消费者心理活动过程的变化。

任务3　在沟通过程中把握客户需求

情境导入

客户对销售人员说:"都是你害的,我现在要退货,你们的产品有问题,而且价格高过同类商品,质量又不好。"当客户产生这种抱怨时,他的负面情绪往往十分高涨,如果处理不当,客户可能会在更大范围内进行抱怨,甚至产生对品牌的负面影响。

思考题

销售人员应如何应对客户的这种心理?

任务要求

要做好服务和销售,我们应根据客户的心理诉求和行为类型,用恰当的方式与客户沟通。

知识准备

一、在沟通中发现客户需求

销售的目的是成交,通常客户的以下行为说明其对你所推荐的产品已经产生需求。

(1) 认真询问相关产品信息是最强烈的一种信号。

(2) 身体语言传达的信息也是沟通中的一个重要方面,它比口头表达的信息更为丰富。销售人员要学会通过客户的动作或表情等身体语言准确识别其中蕴含的购买信息。

(3) 当客户的态度从先前的消极、冷淡渐渐转化为比较热情时,通常都预示着他们准备接受产品或服务了。

二、客户的心理诉求

客户十大心理诉求包括:①面子心理;②从众心理;③权威心理;④占便宜心理;⑤朝三暮四心理或后悔心理;⑥价位心理;⑦炫耀心理;⑧草根心理;⑨攀比心理;⑩懒人心理。

三、沟通中客户的行为类型

沟通中客户的行为类型包括：唠叨型、和气型、骄傲型、刁钻型、吹毛求疵型、暴躁型、完全拒绝型、杀价型。

四、针对不同行为类型客户的沟通方法

1. 唠叨型客户的应对技巧

相对于比较沉默的客户，凡事都得由销售人员主导去发问、去寻找话题，销售人员一定会觉得叨唠型客户简直是好应付多了。如果销售人员真的这么认为，就要小心了。碰上这种类型的客户，销售人员至少会面临以下三种危机。

第一，把说话的主导权赋予了他们，很可能永远也无法将他们再拉回销售人员推销的主题上。

第二，他们好不容易找到一个肯听他说话的对象，哪里肯轻易罢休，而这么一来，销售人员宝贵的时间就白白浪费掉了。

第三，对于销售人员来说，浪费时间便是浪费金钱。

唠叨型客户为什么总是说个没完？有以下几种可能。

第一，他们天生就爱说话，能言善道。

第二，寂寞太久，周围的人知道他们的习惯，可能早已逃之夭夭了。

第三，用喋喋不休的长篇大论来武装自己，中断销售人员的推销，使销售人员无法"得逞"。

这种类型的客户总是不明白销售人员时间的可贵，他们甚至会觉得，既然想赚我的钱，多花时间聊一聊也是应该的。但身为销售人员，可不能没有这样的自觉。这种类型的客户，通常较容易以自我的观点为核心去批评或者评论。既然对方是十足的自我主义者，销售人员不妨在他们的言语中偶尔出言附和，协助他们尽早做个结论。询问的方式在此是绝对要避免的，否则销售人员不经心的一句问话，可能又会引起他们口若悬河。此外，销售人员应设法将他们的"演讲"四两拨千斤般地导入到自己的行销商品之中，既然对方要讲话，让他们讲一些和产品有关的东西不是更好吗？在他们发表意见的同时，销售人员若能掌握机会及时"进攻"，就能有些许胜算。要特别小心的是，这种类型的客户转换话题的功夫一流，销售人员可不要让对方又偏离了主题。

2. 和气型客户的应对技巧

和气型客户最受销售人员的喜爱，他们谦和有礼，不会尖酸地拒绝上门推销，也不会恶劣地将销售人员扫地出门。他们会很专心且表现出浓厚的兴趣听销售人员解说产品，

因为他们永远觉得销售人员懂得比他多，即使他们想拒绝，也会表现出对销售人员很抱歉的样子，仿佛是自己对不住销售人员，这是因为他们觉得销售人员的工作很辛苦。对销售人员来说，这真是令人感动的一类客户。但销售人员可别高兴过头，和气型客户也不是全无缺点的。他们优柔寡断，在买与不买之间总要思考好久。他们耳根子软，别人的意见往往能立即促使其变卦、反悔。因此，对于这种使销售人员又爱又无奈的客户，销售人员还是要想办法步步为营。在合约签订之前，一切的欢欣都还言之过早。和气型客户永远不会怀疑销售人员的解说，甚至对销售人员提出来的各种市场相关资料推崇得不得了，会全盘接受，而且会十分感谢销售人员，因为销售人员让他们增长了很多的知识。但是，和气型客户在做决定时，常常犹豫不决，这并非表示他们真的拒绝了，大多数情况是他们的确很想买，但是又说不出是什么原因让他们下不了决心。总之，购买的理由还不够十全十美就是了。这时候销售人员应当耐心地询问他们，究竟是什么原因令他们拿不定主意，并且应设法帮他们化解。只要销售人员找出他们迟疑的原因，通常便能轻易找到解决的方式，因为这种类型的客户，通常烦恼的都不是什么严重的大问题。不过，最棘手的要算是第三者的意见了。只要随便一个人提出对产品相反的意见，和气型客户就又将陷入两难的犹疑中，眼看好不容易就要成交了，一下子又回到原点！最后要提醒销售人员的是：只要他们一决定购买，就立即请他们在合约上签字吧！否则，我们的"好好先生"恐怕又要后悔了！

3. 骄傲型客户的应对技巧

骄傲型客户喜欢自夸自赞，他们总觉得高人一等，一副自视甚高的样子，好像别人都比不上自己。他们有一点儿成就就会得意很久，恨不得大家都将他捧上天！这样的客户真叫人难以忍受。不过，既然身为销售人员，就不能忘记"每一个顾客都是可爱的"这一行销守则，应暂时收起那种主观的好恶之心，去诚心诚意地敲开这种类型客户的心门。骄傲型客户看似高不可攀，很难使他们服服帖帖地信服销售人员，因为他们总有一套独特的看法，并且引以为豪，但其实这种类型的客户还是有他们个性上的弱点的。举个例子来说，他们爱被人捧，销售人员就可以把他们捧上天，只要让他们高兴，觉得销售人员真的认同他们的社会地位，认同他们人格上的某种别人无法超越的崇高性，他们便肯悄悄地屈身下来"照顾"销售人员的需要。面对骄傲型客户，销售人员最好还是多尊称他们的头衔，并且要试着找出他们最高的那顶"帽子"，用他们最在乎、最得意、最津津乐道的职务去尊称他们，并附和他们言谈中透露出的观点，暂且把自己忘记，千万别和他们起冲突，要知道，和骄傲型客户辩论是最无可救药的，唯有让他们觉得销售人员真心推崇他们，让他们的自尊心得到满足，商品成交的可能性才能相对提高。销售人员可能会感觉很委屈，这么隐藏自我，只求一张订单，这么低声下气，似乎是在向人乞讨、期待别人的施舍。千万别这么消极，换个角度想想，交易成功才是真正的目的所在，能说服这种骄傲型的客户，何尝不是销售生涯中的一大乐事呢？

4. 刁钻型客户的应对技巧

刁钻型客户往往好像没有要购买产品的意愿，却又要缠住销售人员，话题团团绕。销售人员很难琢磨这种类型客户的心里究竟在想些什么，这肯定是一场辛苦的拉锯战。这对于销售人员来说是辛苦了些，但于对方而言，他们可能深深地乐在其中。不过，为了达成交易，这一切都不算什么。刁钻型客户有一个特点，他们总爱故意挑剔，销售人员所有辛苦准备的产品目录、解说资料、市场调查，在他们面前是全然不具任何意义的。这时，销售人员大概会有深深的无力感，同时也会十分怀念尊崇自己如市场专家的和气型客户。刁钻型客户不会轻易赞同销售人员的意见，甚至会不断地出言反驳。总之，销售人员说的话都是不对的、是毫无道理的。一般初识场面的销售人员可能会沉不住气，可能会想：干什么嘛！大不了不卖给你！千万不要有这种情绪上的波动，这对于刁钻型客户来说是最大的禁忌，一旦销售人员发怒，也就意味着这场交易失败了。即使在口舌上的争辩中销售人员赢过了他们，失去交易，也就意味着销售人员失去了战场。因此，只有一个字"忍"！销售人员需要试着包容他们的一切，以静制动。不过，销售人员也不应全然处于被攻击的弱势，偶尔也可以说一些自嘲的话，化解一下他们嚣张的气焰，用幽默取代正面的冲突。只要销售人员能包容他们怪异的性格，最后时机必定会到来。

5. 吹毛求疵型客户的应对技巧

吹毛求疵型客户事事追求完美，容不得一点儿瑕疵，他们如果对销售人员看不顺眼，就不会喜欢销售人员的产品，他们即使想买产品，也会找出一千个产品不好的理由。遇上这种类型的客户，对销售人员来说，可真是极大的挑战。如果销售人员没有很高的天赋、很丰富的常识，面对他们千奇百怪的挑剔方式，恐怕会招架不住。他们很在乎对销售人员的印象，容不下一点儿缺点，只要销售人员带给他们稍微一点儿不洁的印象，他们就会立即拒绝销售人员的产品或服务。对于这样的客户，销售人员需要好好打理自己的门面，穿着整洁的服饰，头发稍微梳理后，再踏入他们的公司。一开始所有动作最好能守住基本的推销法则，使用中规中矩的礼节、客套的寒暄语，第一印象千万不要给对方任何一个挑剔的机会，否则连再谈下去的机会都没有。对于产品，他们会尽其所能地发掘产品任何可能存在的细微缺失。销售人员不要试着反驳他们，因为这种类型的客户绝对是自信心十足的人，销售人员应当尽量附和他们，然后将话题引到自己的产品或者业务上来。

6. 暴躁型客户的应对技巧

暴躁型客户从不按常理出牌，即使是第一次见面，只要他们有什么不满意的地方，也照样会直接表达出愤怒。他们绝对不是那种喜怒不形于色的人，不过也有一点好处，销售人员可以直接观察到他们的喜恶，不用进行多余的推测。

如果销售人员能清楚地判断出所要面对的客户是这一类型，那么凡事都要小心翼翼，最好不要犯任何错误，任何的准备资料在拜访前都要重新看一次，以确保每一样资料、样品都带得齐全，可千万不要等到访问进行到一半时再东拼西凑，这种类型的客户最没耐心，更不想听销售人员的任何解释，他们甚至会直接破口大骂！

即使错误真的不在销售人员，销售人员也要以诚意的态度告诉他们，自己真心感到抱歉，并且请求对方原谅。

争辩是最无济于事的，因为这只会使对方恼羞成怒，到最后索性不想和销售人员做生意了，以顾全自己的面子，这对于销售人员来说，是绝对需要避免的情况。

有时候，这种类型的客户发脾气是毫无缘由的，也许根本和销售人员毫不相干，但他们才不管三七二十一，先找个出气的再说。

其实，这时候反而是销售人员的大好机会，他们正愁找不到人诉说，销售人员不妨探询他们："究竟是什么事惹得您这么生气？说出来也许您会好过一点儿！"当他们告诉销售人员之后，他们心中的怒火也应该平息了一半。销售人员也知道了他们生气的原因，如果刚好能帮他们想想办法，相信他们必定会感激，而且这时他们可能会有下面的反应："真抱歉，我刚刚真是气极了，不小心连你骂了！请把你们公司的产品目录拿来我看看！"就这样，销售人员轻轻松松地就找到了推销的突破口。

7. 完全拒绝型客户的应对技巧

完全拒绝型客户通常都有某种心理上的障碍或因一些自己不愉快的经历而造成对推销完全拒绝的心理，销售人员得想办法协助他们克服。不过，销售人员千万不要与他们纠缠，缠得越紧，他们只会逃得越快，所以不合适就不用太过纠结。

8. 杀价型客户的应对技巧

杀价是大部分客户多少都会有的一种消费行为，想买得便宜，毕竟是大多数人的愿望，这无可厚非。我们这里要谈的是，以杀价为乐的客户类型。销售人员需要识破他们的伎俩，才能真正谈成交易，并拥有此类客户，否则，贸然降价，不仅会使利润减低，甚至会使客户认为销售人员的索价太不诚实。

当客户真正有购买能力或购买欲望的时候才会向销售人员杀价。这时，销售人员切不可沾沾自喜，要特别谨慎的是该如何守住自己的防线，顺利完成这个交易。

销售人员经常可以发现，客户明明已经表现出想购买的兴趣了，却还在那边挑三拣四，找尽缺点批评产品。实际上，他们想利用这个方法告诉销售人员："我是很想买，不过如果你能再将价钱稍降一些的话就更好了！"他们要求降价的方式大概是："真不巧，我喜欢的是红色！如果没有的话就算了！"如果销售人员的货品正好缺红色，常常会为了完成交易而主动降价，其实也许他们只是看准货品没红色，才故意这么说的。

他们为了杀价，会想尽办法找到销售人员所不能提供的商品利益，然后又故作姿态地说："其实这个也不错，只不过不是我真正喜欢的。要我买也可以啦！除非你少算一点儿钱！"

也有一种情形，客户一直抱怨自己没什么钱，买不起，但是叫苦了半天，突然告诉销售人员："这样吧！你再少算我五百元，我就买了！"这时候，销售人员可不要有这样的想法：已经很不错了！好吧！就少算你五百元好了！如此，客户会觉得还好我有杀价，你这个人真不诚实，想多赚我那么多！以后，他们就不想向销售人员买东西了！对这样的客户，销售人员千万不要让步，即使要妥协，也不能让他们完全得逞，可以给他们一些折扣，但不能全依对方的要求。

还有一个方法，销售人员可以不断地强调商品本身的价值绝对是物超所值，虽然价格无法再降，但保证他买回去后绝对不会后悔。不断地强调品质上的优点，也是销售人员对付这类客户的好方法之一。

总的来说，对于杀价型客户，销售人员应避免和他谈论价格，多和其讨论价值，要记住客户要的不是便宜，而是感觉占到了便宜。

 任务实施

做生意要瞄准女人[①]

"做生意要瞄准女人"这一犹太人经商的座右铭，已被许许多多的经商者所认识和注意。

他们认为，如果说消费者是企业的"上帝"，那么女性消费者就是更为活跃的主角，她们至少左右了现实生活购买力的四分之三（包括女性、儿童以及家庭所需消费的大部分，甚至很多男性消费品的购买与否也基本取决于女性）。因此，充分掌握并巧妙地运用女性的消费心理特征，积极吸引并成功诱导女性消费，应当引起企业营销者的重视。在经营的实践中，有人总结出了女性消费心理引导"十诀"。

（1）激励女性的创造感。大部分女性认为，购物并使她们的家庭保持舒适而井井有条，就是最大的创造和骄傲，对创造性的向往是女性购物的主要动机之一。因此，应把握时机，引导她们对于不同职业、年龄、家庭条件、兴趣爱好等方面的创造欲，从而触发其购买欲。

（2）借助女性"幻想"的魔力。女性基于一种窘迫的现实意识，喜欢以自己的实际生活为基础进行幻想，并常把幻想当作现实的组成部分。因此，巧妙地运用女性所特有的不完全幻想，处处留给她们发挥幻想力的余地，同时满足幻想和实用价值两方面的需求，就极容易对她们产生作用。

（3）鼓励女性用指尖"思考"。女性的触觉远比视觉发达，这致使她们对事物进

[①] 杨宁，苏静，林莉. 消费心理学. 西安：西安交通大学出版社，2014：115.

行决断时,相当程度地依赖触觉。在百货公司,女性购买者通常会要求拿起商品,她们经过实际触摸后才可能决定是否购买,换言之,女性不只用大脑思考,也是用指尖"思考"的。因此,对那些购物时表现得犹豫不决的女性,让其亲手触摸体验,效果会好得多。

(4) 帮助女性缩小选择范围。女性购物时,最讨厌只拿一样商品强行推销,但是奉劝她们从多中择优,又只能徒增其选择上的困难。可见,促使女性购物最有效的办法,就是让她们参与做出决定的过程,布置出令她们感觉自己"慧眼识英雄"的情境,缩小购物范围,从而达到推销目的。

(5) 借"被斥感"激起购买欲。女性从众心理尤其强烈,非常害怕自己属于"例外"之列,她往往舍弃选择的自由,乐于在"从众泥潭"里打转。因此,销售人员可恰当地利用女性的从众心理,积极诱导女性产生购物意向并使其付诸行动。

(6) 让虚荣女性拥有"唯一"。她们心中常有一种"只有我一个"的"唯一"意识,经常希望自己是"与众不同的一个",所以向她们兜售商品时,若能提供大多数女性都向往的"唯有我用"的诱惑,则会使其产生"我是唯一被选择的对象"之类的感受,销售人员不仅能如愿以偿,还能通过她们向自己同伴吹嘘而连带收到免费广告的效果。

(7) 不要撕破"书"的封面。"女性是一本内容和封面相去甚远的书",为迎合潮流,她们很可能表露出与真实想法(内容)相反或别的主张(封面)。因此,销售人员必须透过表面的"迷雾",先接受她们一口咬定的意见,再针对其真实本意发动攻势,这样才有希望探明其深藏不露的真实意向。

(8) 用赞扬消解女性的烦恼。女性希望自己给人一种完美无瑕的形象,这致使其最忌讳被他人揭"伤疤"。例如,对于体形肥胖的女性来说,"胖"是绝对禁忌的。因此,销售人员应尝试赞赏她的高级手表、别致耳环、新颖装束等无关紧要但又令女性喜悦的特点,如此形成良好的气氛之后,引导女性消费就容易收到事半功倍的效果。

(9) "佩服"女性的一知半解。女性特别无法容忍他人的指责,稍受冒犯,就会勃然大怒。面对这类女性,千万不能揭开她们的底牌,应耐心地将她们当作见多识广的人,使其自尊心得以满足,她们自会欣然接纳意见。

(10) 运用权威意见促销。引导女性购买商品需要销售人员综合使用情感唤起和理性号召两种形式,热情地举出众多具有说服力的具体事例,显示出立即能得到的效果,而搬出那些较有名气的、为女性所熟知的权威人士,无疑是其中最为有效的方法。

思考题

1. 为什么女性是经商者赚钱的对象?你对此有何理解?

2. 上述案例所总结的引导女性消费心理"十诀"的依据是什么？请进行详细分析。

3. 你对上述为做好女性生意采取的措施，有什么改进意见？

评价与反馈

任务名称				任务完成时间			
子任务名称				组长签字			
工作组组别				教师签字			
序号	姓名	自我评价（15%）	组长评价（25%）	教师评价			
				工作态度（10%）	技能水平（30%）	完成情况（10%）	团队协作能力（10%）
1							
2							
3							
4							
5							
6							
小组总结：							

巩固与提高

1. 如何有效激发客户的感性需求？

2. 简要介绍沟通服务在客服工作中的重要性。

3. 为什么企业要进行客户期望管理？

4. 举例阐述如何在沟通中把握客户需求。

5. 结合客户的行为心理类型谈谈你自己属于什么类型，在客户服务中应如何服务好这类客户？

项目 2　沟通概述

📚 项目导学

在职场中为什么有的人能与别人和谐相处，得到客户的好评、同事的喜欢、领导的青睐，处处游刃有余，而有的人却到处碰壁，一再受挫，直至被解雇。中国职业能力认证中心对近千名被解聘的员工进行调查、统计、分析，得出以下结论：因知识和技能不称职而遭解聘者不到 15%，而超过 85% 的被解雇者是由于他们的人际关系处理不当和沟通能力欠缺。

呼叫中心的主要使命就是沟通，通过沟通完成信息的收集、整理、发布等工作。坐席员在整个呼叫中心应该是最具有沟通能力的一个岗位，其沟通能力直接决定了客户对公司服务质量和个人工作效率的认可，所以具备高效沟通能力是一名坐席员最基本的素质，甚至可以说，是否具备良好的沟通能力决定着个人的绩效，甚至职业生涯发展。

📚 学习目标

认知目标

理解沟通的重要性，掌握沟通的定义，了解沟通的内涵，熟悉沟通的原则，理解沟通的特点，了解沟通的类型。

情感目标

认识到具有良好沟通能力的作用。

能力目标

培养主动沟通的意识和良好的沟通态度。

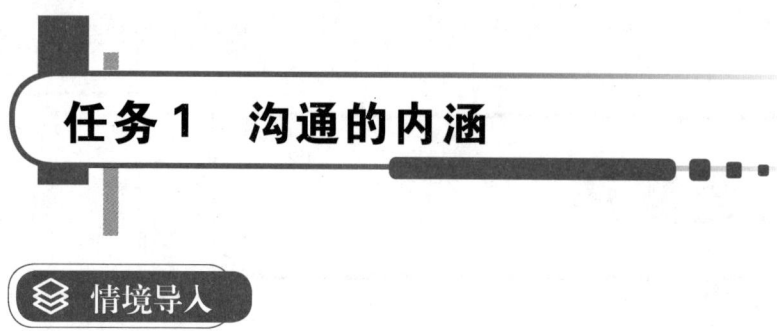

任务1 沟通的内涵

情境导入

《杜拉拉升职记》中的成功沟通[①]

《杜拉拉升职记》是一部近乎写实的职场小说。下面的一些片段是描写企业中层经理人杜拉拉是如何成功进行沟通的。

拉拉没有从王蔷那里获得解决之道，只得自己动脑筋想法子。

她指使海伦（下属）取得上海办事处行政报告的格式，经研究确认大致适合广州办事处使用后，她就直接采用上海办事处的格式取代了广州办事处原先的报告格式。

这一举措果然讨得了玫瑰（上级领导）的欢心，由于拉拉使用了玫瑰惯用的格式，使得她在查阅数据的时候方便了很多，也让她获得了被追随的满足感。

对拉拉来说，玫瑰自然不会挑剔一套她本人推崇的格式，因此拉拉也就规避了因为报告格式不合领导心意而挨骂的风险。

这是典型的双赢。唯一不满的是海伦。海伦用惯原来的格式，新格式使她花了不少时间去适应，密密麻麻的表格搞得本来就不擅长数据的她晕头晕脑。海伦想，好端端的，为什么要改？不由得心里鄙夷拉拉"擦鞋"（广东方言，意指拍马屁）。

拉拉一眼瞧出海伦腹诽自己，把海伦拎到自己座位边，问她："如果你是玫瑰，你是愿意几个办事处每个月的报告各有各的格式，还是更希望大家用统一的格式呢？"

海伦不假思索地说："那当然是统一的格式方便啦。"

拉拉继续说道："那不结了，玫瑰也会喜欢用自己熟悉的格式嘛。"

海伦无话可说了，憋了半天不服气地说道："我们原来的格式没什么不好，现在这一换，要花好多时间去熟悉表格。"

拉拉憋住笑摆出循循善诱、诲人不倦的架势说："那你就多努力，早日获得提升，当你更重要的时候，你的下级就会以你为主，和你建立一致性啦。谁叫现在经理是玫瑰不

[①] 崔佳颖.360度高效沟通技巧.北京：机械工业出版社，2010.

是你呢?"

海伦还要啰唆,拉拉让她拿出年初设立的本年度绩效考核目标,在行为方面,公司对全体员工的考核指标里有一条,叫作"建立一致性"。

从上面的片段中我们可以看到,主人公杜拉拉为了实现有效的沟通而用了一些心思。其中很重要的一点就是她运用同理心的沟通方式进行换位思考。这种沟通方式自然能得到上级领导的欢心。同时,杜拉拉不满足于一般的沟通效果,在接下来的工作中,杜拉拉与上级领导玫瑰实现了非常有效的职业化沟通。

拉拉除了和玫瑰建立一致性,还认真研究了玫瑰主要控制的方面,找出规律后,拉拉就明白了哪些事情要向玫瑰请示并且一定要按玫瑰的意思去做,只要玫瑰的主意不会让自己犯错并成为替罪羊,她绝不多嘴,坚决执行;哪些事情是玫瑰不关心的没有价值的小事,拉拉就自己处理好而不去打扰玫瑰;还有些事情是玫瑰要牢牢抓在手里的,但是自己可以提供建议,拉拉就积极提供善意的信息,供玫瑰做决定时参考。几个回合下来,拉拉就基本不再接到玫瑰那些令她惴惴不安的电话了。

如何在职场获得一席之地,如何在客户服务工作中赢得客户的认同,确实难倒了不少人,稍有不慎,就会被炒鱿鱼或是被客户投诉,所以沟通技巧是每一位职场人士应该学习和掌握的。

全球最愚蠢的银行[①]

2008年9月15日上午10:00,拥有158年历史的美国第四大投资银行——雷曼兄弟公司正式向法院申请破产保护,消息转瞬就通过电视、广播和网络传遍世界各地。匪夷所思的是,在情况如此明朗的情况下,德国国家发展银行于当日上午10:10,居然按照外汇掉期交易协议,通过计算机自动付款系统向雷曼兄弟公司即将冻结的银行账户转入了3亿欧元。毫无疑问,这3亿欧元将是肉包子打狗——有去无回。

转账风波曝光后,德国社会各界大为震惊,舆论哗然。人们普遍认为,这笔损失本不应该发生,因为此前一天,有关雷曼兄弟公司将要破产的消息早已传遍全球,全球各地只要是与银行证券业沾点儿边的人或是对经济稍有常识的人都已知道。德国国家发展银行应该知道交易的巨大风险,并事先做好防范措施才对。德国销量最大的《图片报》在9月18日头版的标题中,指责德国国家发展银行是迄今德国"最愚蠢的银行"。此事惊动了德国财政部,财政部部长施泰因布吕克发誓,对此事一定要查个水落石出并严厉惩罚相关责任人。

人们不禁要问,短短10分钟里,德国国家发展银行内部到底发生了什么事情,从而导致如此愚蠢的低级错误?一家法律事务所受德国财政部的委托,带着这个问题进驻银

---

① 马军生. 十分钟悲剧带来的启示. 中国会计报, 2011-10-21.

行进行全面调查。

法律事务所的调查员先后询问了银行各个部门的数十名职员，几天后，他们向国会和财政部递交了一份调查报告，调查报告并不复杂深奥，只是一一记载了被询问人员在这10分钟内忙了些什么，答案就在这里面。

首席执行官施罗德："我知道今天要按照协议预先的约定转账，至于是否撤销这笔巨额交易，应该让董事会开会讨论决定。"

董事长保卢斯："我们还没有得到风险评估报告，无法及时做出正确的决策。"

董事会秘书史里芬："我打电话给国际业务部催要风险评估报告，可总是占线，我想还是隔一会儿再打吧。"

国际业务部经理克鲁克："星期五晚上准备带上全家人去听音乐会，我得提前打电话预订门票。"

国际业务部副经理伊梅尔曼："忙于其他事情，没有时间去关心雷曼兄弟公司的消息。"

负责处理德国国家发展银行与雷曼兄弟公司业务的高级经理希特霍芬："我让文员上网浏览新闻，一旦有雷曼兄弟公司的消息就立即报告，现在我要去休息室喝杯咖啡了。"

文员施特鲁克："10：03，我在网上看到了雷曼兄弟公司向法院申请破产保护的新闻，马上就跑到希特霍芬的办公室，可是他不在，我就写了张便条放在办公桌上，他回来后会看到的。"

结算部经理德尔布吕克："今天是协议规定的交易日子，我没有接到停止交易的指令，那就按照原计划转账吧。"

结算部自动付款系统操作员曼斯坦因："德尔布吕克让我执行转账操作，我什么也没问就做了。"

信贷部经理莫德尔："我在走廊里碰到了施特鲁克，他告诉我雷曼兄弟公司的破产消息，但是我相信希特霍芬和其他职员的专业素养，他们一定不会犯低级错误，因此也没必要提醒他们。"

公关部经理贝克："雷曼兄弟公司破产是板上钉钉的事，我想跟施罗德谈谈这件事，但上午我要会见几位克罗地亚客人，等下午再找他也不迟，反正不差这几个小时。"

不良沟通不仅会导致个人失败，也会让企业承受损失，饱尝恶果。这种情况处处存在，甚至连以严谨著称的德国人也会犯这种错误。仅仅10分钟，3亿欧元财富化为乌有。其实在这家银行，从董事长到交易员，一个一个都训练有素，职业素养非常棒，但是由于每个人都想当然，不愿意多花几秒钟时间去咨询、去确认，导致信息沟通渠道堵塞，交流不畅，才导致如此重大失误。其实，上述相关人员只要有一人与其他人有一句话的沟通，即可避免此事件的发生，但不该发生的事偏偏发生了。由于此事发生，德国国家发展银行被人称为德国甚至全球"最愚蠢的银行"，沦为全球财经人士的笑柄，也成了

MBA课堂里鼎鼎有名的、沟通失败的经典案例。

理解沟通的重要性，掌握沟通的定义，了解沟通的内涵。

一、沟通的重要性

1. 职业工作需要沟通能力

为了获得一份工作，你需要在面试中给人留下良好的印象。美国劳工部在测算劳动力的教育准备时，对1 015名有工作的成年人进行了全国性调查，调查结果显示：87%的被调查者认为沟通技巧对完成自己的工作"非常重要"。当你准备进入职场去应对更复杂的人际关系时，沟通技巧将会变得更为重要。在职场中，不善于沟通将使你失去许多机会，同时也将导致无法与别人顺利合作。一个人只有能够与他人准确、及时地沟通，才能建立起牢固、长久的人际关系，进而能够使得自己在事业上左右逢源，如虎添翼，最终取得成功。

坐席员每天的工作就是与客户进行沟通，良好的沟通不仅意味着坐席员要把自己的意思进行适当的表达，使人明白，而且要通过倾听技巧、非语言沟通技巧来体现沟通能力和业务水平。坐席员面对的是各不相同的来电者，其个性、心境、期望值各不相同，坐席员既要有个性化的表达沟通，又必须掌握许多有共性的表达方式与技巧，这样才能与客户准确、及时地进行沟通。

所以说，职场中人人都需要有效而良好的沟通，而对坐席员的沟通能力要求更高。

2. 社会活动需要沟通能力

人们在生活中每时每刻都离不开各种活动，总不免要与他人进行沟通，但是沟通本身也不是件非常容易的事，有时也会出现以下情况：要向他人表达一个意思，却始终说不清楚；要为他人办一件好事，但有可能弄巧成拙；本来想与他人解除原有的隔阂，但可能弄得更僵。所以说，现实的实践活动需要有一定的沟通能力。

3. 沟通是个人身心健康的保证

与家人沟通，能使你享受天伦之乐；与恋人沟通，能使你品尝到爱情的甜蜜；在孤独时，沟通会使你得到安慰；在忧愁时，沟通会使你得到快乐。英国著名文学家、哲学家弗朗西斯·培根有句名言："如果把快乐告诉朋友，你将获得两份快乐；如果把忧愁向朋友倾吐，你将被分担一半忧愁。"

二、沟通的基本内容

"沟通"一词，汉语的原意是两水通过挖沟、开渠而相互流通畅达。沟通有名词和动词之分，作为名词的沟通是指一种状态，作为动词的沟通是指一种行为。沟通一词后来用于体现信息、思想、情感的交流与分享。

1. 沟通的定义

沟通是指为了一个设定的目标，把信息、思想和情感在个人或群体间传递，并且达成共同协议的过程。

2. 沟通的目标

沟通的目标为职业工作关系中的双方能够理解对方的意图，取得对方的支持，保持良好关系，相互理解、相互支持、相互信赖。

3. 沟通的过程

信息发送者将信息通过多种渠道传送给信息接收者，信息接收者会给信息发送者一定的反馈，因此可以说沟通是双向互动的过程。信息沟通的具体过程如图2-1所示。

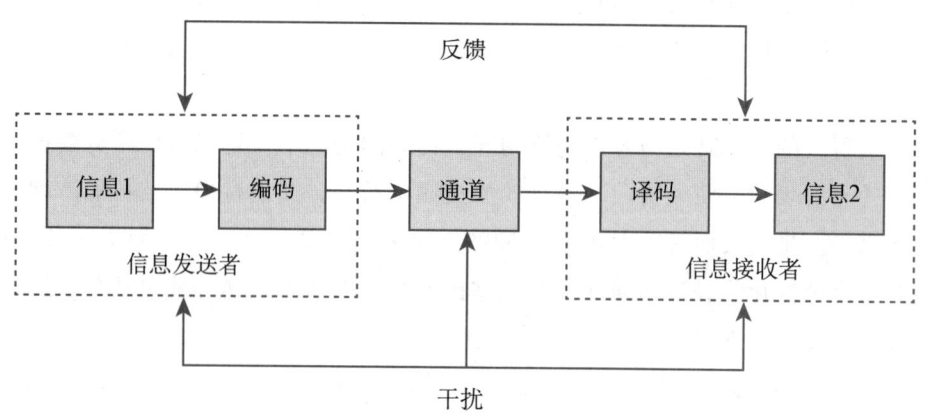

图2-1 信息沟通的具体过程

三、沟通的具体内涵

1. 沟通不是只说给别人听

有人认为，沟通是"我说给你听"。我是说话者，你是倾听者，我发出一项信息并传递给你，你收到信息后，将其"译解"，然后采取令我满意的行动。

但是我说给你听，你未必都愿意听；就算听了，也不见得真正理解我的意思；即使听懂了我的意思，你也不一定就会按我的意图去行动。

因此，沟通并不是片面地"我说给你听"。

2. 沟通不是只听别人说

"世事洞明皆学问"。无论何时何地，都有学不完的东西，多听别人的话，可以学到许多书本上没有的东西，使自己受益。

然而，仅仅"你说我听"，也不算有效沟通，因为仅仅"你说我听"，我以为听懂了，其实没有听懂，照着去做，结果却证明"原来我听错了"，这样等于没有沟通，甚至可能会带来危害。

3. 沟通是"通"彼此之"理"

沟通是人与人之间传达思想、观念或交换情报、信息的过程，等于"你说给我听"加上"我说给你听"，以求得相互了解，彼此达成某种程度的理解。

沟通他人，"理"是基础，但"通"理首先要寻求共鸣，所谓"共鸣"，是沟通双方思想感情上达到一致的体验，产生共鸣意味着沟通双方间的气氛已经融洽，使双方从心理上愿意接受彼此的观点和主张，从而为通"理"铺平了道路。常言道："酒逢知己千杯少，话不投机半句多。"寻求到共鸣可使你成为对方的知己，避免话不投机。

任务实施

工作任务：撕纸游戏。

时间：15分钟。

材料：准备总人数两倍的A4纸。

操作程序如下。

给每位学生发一张纸，老师发出单项指令：

大家闭上眼睛；

全过程不许问问题；

把纸对折；

再对折；

再对折；

把右上角撕下来，转180°，把左上角也撕下来；

睁开眼睛，把纸打开。

这时老师请一位学生上来，重复上述指令，唯一不同的是，这次学生可以问问题。

问题：

1. 老师发出单项指令后为什么会有这么多不同的结果？
2. 为什么重复相同指令而且学生可以提问，其结果仍然会有误差？

任务2　沟通的原则、特点及类型

情境导入

第二次世界大战后期,日本败局已定。1945年7月26日,《波茨坦公告》发表,日本当局一看盟方提出的投降条件比他们原先想象的要宽大得多,便高兴地决定把公告分发各报刊登载。7月28日,铃木首相接见新闻界人士,在会上公开表示他将"mokusatsu"同盟国的最后通牒。可惜这个词选得太不好了。首相原意是说他的内阁准备对最后通牒"予以考虑",恰恰这个词还有一个意思,就是"置之不理"。事也凑巧,日本的对外广播机构恰恰选中了这个词的第二个意思并译成对应的英语"take no notice of"。此条消息一经播出,全世界都听到日本已拒绝考虑最后通牒,而不是正在考虑接受。消息播出后,美方认为日本拒绝公告要求,便决定予以惩罚。

8月6日,美军在广岛投下了威力巨大的原子弹。这真是一场灾难性差错,导致数万民众丧命![1]

思考题

请就以上短文,从沟通方面谈谈你的看法。

任务要求

通过学习熟悉沟通的原则、特点和类型。

知识准备

一、沟通的原则

要想使沟通有个良好的结果,就必须遵守沟通的三个原则。

1. 谈论行为而不谈论个性

谈论行为就是讨论一个人所做的某一件事情或者说的某一句话。谈论个性就是对某一个人进行评论,即我们通常所说的这个人是好人还是坏人。因此,"谈论行为而不谈论

---

[1] 张岩松,孟顺英,樊桂林. 人际沟通与语言艺术. 北京:清华大学出版社,2010.

个性"的原则也就是"对事不对人"的原则。当然,"对事不对人"通常是在存在争议或矛盾的情况下我们应该坚持的原则,但为了避免出现矛盾或将矛盾激化,在任何情况下,这都是我们应该遵守的原则。

2. 明确沟通

明确沟通就是沟通的过程中说话一定要非常明确,让对方能准确地理解。在沟通过程中,有人经常会说一些模棱两可的话,如经理会拍着员工的肩膀说:"某某,你今年的成绩非常好,工作非常努力。"这好像是在表扬对方,但是接下来他还说了一句:"明年希望你更加努力。"这句话好像是在鞭策,说他不够努力。这就使人不大明白传达的到底是什么意思。因此,沟通一定要明确,努力了就是努力了,缺乏努力就是缺乏努力,一定要明确沟通。

3. 积极倾听

本原则将在项目3中进行详细说明。

二、沟通的特点

沟通主要具有以下特点。

1. 互动性

沟通是信息发送者和接收者之间的相互活动,也就是说,沟通要有两人或两人以上的沟通主体参加,参加沟通的一方都试图影响另一方,每一方都既是信息发送者又是信息接收者,各自不断发出信息,期待对方做出某种反应。

2. 动态性

沟通的双方是动态的,不断地受到来自他人信息的影响,不断产生变化。同时,信息本身就具有流动的性质,它从事实本身转变为符号信息的传递过程就是一个动态的过程。

3. 社会性

沟通的社会性就在于人类能够运用符号系统来沟通彼此的思想,调节各自的行为,结成一个有机的整体,去从事各种社会活动。

三、沟通的类型

由于沟通具有普遍性和复杂性,我们可以根据不同的标准对沟通进行分类。一般来说,常用的分类有以下几种。

1. 语言沟通和非语言沟通

按照沟通的方式划分,沟通可分为语言沟通和非语言沟通。

（1）语言沟通。语言沟通是指以词语符号实现的沟通，可以分为口头语言沟通与书面语言沟通。口头语言沟通是指借助于口头语言实现的沟通，是日常生活中最为常用的沟通方式，同时也是保持整体信息最好的沟通方式。平时的交谈、讨论、开会等都离不开口头语言沟通。书面语言沟通是指借助于书面文字材料实现的沟通。书面语言沟通可以修正内容，因而是一种准确性较高的沟通方式。书面语言沟通的另外一个优点是具有持久性，它使沟通过程超越了时间和空间的限制，人们不仅可以通过文字记载来研究古人的思想，也可以将当代人的成就传给后代。但是，书面语言沟通缺乏信息发送者的背景信息，信息接收者感受不到信息发送者自身的人格和情感因素的影响，因而书面语言沟通对信息接收者的影响力有限。

（2）非语言沟通。非语言沟通包括身体动作、眼神、面部表情以及信息发送者和信息接收者之间的身体距离等。有学者认为，每一种身体动作都有其意义，没有一种动作是随便表现出来的。身体语言补充了语言沟通，并常常使语言沟通更为复杂。身体动作本身并不带有精确的或普遍的意义，但当它与口头语言结合起来时，就使得信息发送者的信息更为丰富。对信息接收者来说，留意沟通中的非语言信息十分重要，在倾听信息发送者发出的语言的同时，还应注意非语言线索，尤其应注意二者之间的矛盾之处。

2. 正式沟通和非正式沟通

按照沟通的组织系统划分，沟通可以分为正式沟通和非正式沟通。

（1）正式沟通。正式沟通是指通过组织明文规定的渠道进行的信息传递和交流，如企业的汇报制度、会议制度，按组织系统逐级进行的上级指示的下达或下级情况向上级反映等。正式沟通的优点在于沟通效果好，具有较强的约束力，一般较重要的信息通常都采用这种沟通方式，但它也有局限性，即沟通速度慢，不易于传递感情。

（2）非正式沟通。非正式沟通是指在正式沟通渠道之外进行的信息传递和交流，如员工之间私下交谈、各抒己见，或员工们举行非正式的群体娱乐活动等。正式沟通一般是官方化的、规范的，而非正式沟通却是非官方化的、非规范的。我们在进行非正式沟通时，要注意甄别信息，不要被流言蜚语干扰，否则会混淆视听，使信息失真。

3. 上行沟通、下行沟通和平行沟通

按照组织结构和流动方向划分，沟通可以分为上行沟通、下行沟通和平行沟通。

（1）上行沟通。上行沟通就是指下级情况、意见通过组织系统向上级反映的沟通方式，也就是自下而上的沟通，如汇报工作、表明态度、提出建议等。但如果群体的组织结构不完善、组织层次过多，都会造成上行沟通被阻碍。因此，疏通沟通渠道是十分重要的。例如，开展民意测验、召开各种类型的座谈会、进行访问、设立"建议箱"或"举报箱"、实行领导接待来访制度、开展抽样调查等。

（2）下行沟通。下行沟通是指组织内部上级管理人员向下级人员传达指示，发布命令、通知、通报等的沟通方式。下行沟通顺畅，能把管理者的意图很快传达给员工，使员工提高行动的自觉性，尽快把上级的意图转化为自己的行动，为实现管理者的决策和集体活动目标而努力。

（3）平行沟通。平行沟通是指同一层次的组织人员之间的信息交流，即横向联系，包括群体内部平行组织之间的横向信息交流、群体之间的信息交流。平行沟通是保持组织间正常关系的重要条件，对加强平行单位之间相互了解、增进团结、搞好协作、克服本位主义等极其有益。如果平行沟通渠道不畅通，群体下属部门就会各自为政，容易产生部门之间的隔阂、矛盾和冲突，甚至形成"独立王国"，因此平行沟通是不容忽视的一种沟通方式。

4. 单向沟通和双向沟通

按照沟通的方向划分，沟通可以分为单向沟通和双向沟通。

（1）单向沟通。单向沟通是指信息发送者以命令的方式面向信息接收者，一方只发送信息，另一方只接收信息，双方无论在语言上还是在情感上都不存在信息反馈，如发指示、下命令、电视授课、广播演讲与报告等都属于单向沟通。单向沟通的优点在于快捷、迅速。单向沟通在传播信息时，信息发送者和信息接收者之间没有讨论的余地，所以单向沟通得到的信息往往并不十分准确。此外，它比较严肃、呆板，当信息接收者具有潜在的沟通障碍时，易产生抗拒对立情绪。

（2）双向沟通。双向沟通是指信息发送者以协商、讨论或征求意见的方式面对信息接收者，信息发出以后，还需要及时听取反馈意见，必要时信息发送者与信息接收者还要进行多次商议交流，直到双方都基本满意为止。例如，召开座谈会、听取情况汇报等都属于双向沟通。双向沟通的优点在于信息发送者和信息接收者之间有反馈机会，易于准确把握信息。同时，双向沟通比较灵活自由，信息接收者有表达自己观点、建议的机会，因此有利于双方互相理解，形成融洽的人际交往关系。但是，双向沟通因为要听取反馈意见，信息发送者有可能收到信息接收者的质询和挑剔，因此沟通的效率可能会降低。

5. 自我沟通、人际沟通和群体沟通

按照沟通者的目的划分，沟通可以分为自我沟通、人际沟通和群体沟通。

（1）自我沟通。有的时候，信息发送者和信息接收者是由一个人来完成的，这种在个人内部发生的信息传递的过程就是自我沟通，它是其他形式的人与人之间成功沟通的基础。

（2）人际沟通。人际沟通是指两个人之间发生的信息传递的过程。它是人际交往的起点，是建立人际关系的基础。

（3）群体沟通。群体沟通是指三个及三个以上的个体之间进行的信息传递的过程。

案例

财务部陈经理每月总会按照惯例请手下员工吃一顿饭，一天，他准备到休息室叫员工小马通知其他人晚上吃饭。

快到休息室时,陈经理听到休息室里面有人在交谈,他从门缝看过去,原来是小马和销售部员工小李在里面。

小李对小马说:"你们陈经理对你们很关心,我见他经常请你们吃饭。"

"得了吧!"小马不屑地说,"他就这么点儿本事笼络人心,遇到我们真正需要他关心、帮助的事情,他没一件办成的。就拿上次公司办培训班的事来说,谁都知道如果能上这个培训班,工作能力会得到很大提高,升职机会也大大增加。我们部门几个人都很想去,但陈经理一点儿都没察觉到,根本没积极为我们争取,结果让别的部门抢了先。我真的怀疑他有没有真正关心过我们。"

"别不高兴。"小李说,"走,吃饭去。"

陈经理只好满腹委屈地躲进自己的办公室。

思考题

1. 本案例中上司和下属的沟通错误主要有哪些?
2. 本案例中上司和下属接下来可以怎么做?

任务实施

寻找切入点

在走入职场后的各种职业活动中,如何迅速准确地找到彼此兴趣的切入点,是开展良好沟通的关键。本活动目的是让陌生的人相互熟络起来,锻炼大家在第一次见面时快速沟通的能力,可用于课程的破冰活动和商务谈判的初始沟通。

1. 游戏规则与程序

这是一个让学生进行有效的兴趣交流的活动。

(1) 老师将事先准备好的表格发给大家,每人一份。

(2) 给大家5分钟时间,告诉他们必须至少从3个同学身上发现一个与自己的共同点和一个与自己的不同点。例如,共同点可以是:我们都毕业于××学校;不同点可以是:我是××班的,他是××班的。

(3) 第一个完成任务的为优胜者,给予奖励。

2. 相关讨论

(1) 有了这个寻找共同点和不同点的目的,你与他人的讨论是否更简单、快捷一些?

(2) 这个活动对你今后与人沟通有什么启发?

任务3　沟通的要点

情境导入

由于文道商贸公司销售部门与一个大客户签约,为公司带来了巨大的效益,林岳决定安排员工度假放松。不过,林岳安排的地点是员工已经去过很多次的度假村。

刘云想,要再去那个地方,已经没有了新鲜感,很难达到放松的目的。虽然刘云心里这么想,但在林岳宣布决定的时候,她在会上表示赞成林岳的安排。但刘云把自己的真实想法记录在本子上,开完会后,她来到林岳的办公室,向林岳说明情况,并向他推荐了一个更好的目的地。"这个地方风景优美,大家去了以后肯定能放松心情,在开展后续工作时也会更有动力和激情。"

听了刘云的话,林岳果然改变了自己的决定。

思考题

想一想刘云为什么能说服林岳改变决定?

分析:在上述案例中,刘云使用三明治法则巧妙地说出自己的意见,即先肯定,再否定,最后安抚。而否定的话是在私下场合说的,这给双方留有进退空间,同时这也是双方单独沟通的一次机会,所以心理距离会很近,林岳更容易接受刘云提出的意见。

掌握沟通的要点,可以让沟通更有效。沟通的要点主要包括明确沟通目标、分析沟通对象、把握沟通主题、选择沟通方式、确定沟通场合、掌控沟通时机。

任务要求

通过学习熟悉沟通的要点。

知识准备

一、明确沟通目标

明确了沟通目标,信息发送者才能对沟通的信息进行详尽的准备规划,然后选择合适的沟通方式,引导信息接收者正确理解信息,达到有效沟通的目的。

沟通目标可以分为四个层次:被接收、被理解、被接受、使对方采取行动。如果缺少任何一个层次，沟通都不算成功。

在沟通过程中，沟通者要时刻记得沟通目标，如果被潜意识或情绪影响，忘记了最初的沟通目标，或者沟通目标过多，就有可能会偏离沟通目标，无论双方付出多少努力，沟通都会走向失败。

要想牢记沟通目标，沟通者可提前问自己以下三个问题。

1. 自己想得到什么

在与对方沟通之前，明确自己希望通过此次沟通达成什么目标，如签订一份合同、让对方接纳自己的建议、希望对方能答应自己的要求等。

2. 自己能给予对方什么

在沟通过程中，沟通双方要本着共赢的目标努力，不仅要实现自己的目标，还要给对方一些帮助，如让对方获得订单、给对方一些心理慰藉等。

3. 实现沟通目标会给双方带来什么好处

思考实现沟通目标是否会给双方带来好处，如关系更好、彼此更信任、建立起合作关系等。

二、分析沟通对象

在沟通过程中，沟通主体与沟通客体互为沟通对象。沟通主体即信息发送者，沟通客体即信息接收者。

信息发送者应提前明确沟通对象，详细了解对方的身份、职业、学历、性格等，这关系到采用什么样的沟通方式、用怎样的语言来与对方沟通。这些因素直接影响沟通的有效性。例如，与上司、客户、同事、朋友等沟通时，要采用不同的沟通方式。分析沟通对象有助于更好地传递信息，传达核心诉求，实现沟通目标。

信息发送者要对不同的沟通对象进行换位思考，设身处地为对方着想，使对方更精准地理解信息，这样才能有效提高沟通的效率。总之，要符合以下三个要求：了解对方的需求并满足其需求，让对方愿意听自己讲；根据对方的特征采取适合对方的沟通方式，让对方听得懂；对方听完后可以立即行动。

例如，我们因为有事无法出差，想要让同事代替自己见一名重要客户，如果直接对同事说："这个客户很重要，你有时间吗？替我去吧！"这种表述既缺乏说服力，又没有周旋的余地，对方心里可能会想"我哪有时间，我也很忙"，从而产生抵触的情绪。

如果我们这样说，对方拒绝的可能性就会小很多："第一，这个客户对公司很重要，谈成后对我们都有好处；第二，这个地方很美，你可以去看看美丽的风景；第三，去的时间也不长，不会超过一周，公司给的出差费用也很充裕。"

案例

相见恨晚

保险促销员王越去拜访一位大客户，这位客户是某公司经理周先生。见面之后，王越大概介绍了公司的险种，不过他发现周先生在听的过程中显得有些困倦。看对方不感兴趣，王越准备离开。

就在这时，王越发现周先生背后的书橱里放着许多关于《论语》的书，办公桌上也有一本《论语》。他眼前一亮，发现了沟通的突破口。

王越说："周先生，您对我国的古典文化特别感兴趣吧？尤其是《论语》，想必您有很多精妙的见解吧？"

周先生本来很困倦，但一听王越谈到《论语》，立刻变得很有精神，说："对啊，我对《论语》非常感兴趣。你对论语很有研究吗？"

王越顺势说道："我完整读过《论语》，但我读得不是很透彻，如果有时间，还希望您能不吝赐教。"

这时周先生的情绪变得高涨起来，开始和王越一起讨论《论语》，讨论的过程中两个人都有种相见恨晚的感觉。

最后王越顺利地签下了保单，还和周先生成了无话不谈的好朋友。

分析：保险促销员王越通过分析沟通对象（客户），根据其特征采取了适合对方的沟通方式，即通过一本《论语》了解到客户的兴趣爱好，针对客户的爱好展开交谈，这让客户十分受用，很快就拉近了双方的心理距离，减少了业务介绍时的阻碍，从而实现了沟通目标。

三、把握沟通主题

沟通主题是影响沟通效果的重要因素。沟通主题即沟通双方要沟通的核心。

在沟通过程中，沟通者要注意保持沟通主题前后一致，避免出现偏离主题的现象。如果在沟通中找不到方向，可以回到沟通的起点，仔细地想一想此次的沟通主题。

沟通者要将关注点放在沟通主题和沟通对象上。沟通主题和沟通对象既相互联系，又彼此独立。沟通者把握沟通主题就是为了与沟通对象进行高质量的交流，达成沟通目标；而分析沟通对象是为了有效深化沟通主题，确保自己与沟通对象的沟通主题一致，从而顺利地完成沟通。

四、选择沟通方式

沟通者要想实现沟通目标，选择正确、合适的沟通方式至关重要。沟通方式包括面对面沟通、电话沟通、视频沟通、电子邮件沟通、即时通信沟通、论坛沟通、会议沟通等。

在选择沟通方式时，沟通者应考虑以下两个方面。

1. 问题的轻重缓急

沟通者可以根据问题的轻重缓急选择沟通方式。如果事情非常重要，而且十分紧急，需要立刻沟通，可以选择面对面沟通，但如果沟通双方距离较远，则比较适宜电话或视频沟通；如果事情重要但不紧急，发一封电子邮件是一个不错的方法；如果事情既不重要也不紧急，可以发送微信或 QQ 消息，但尽量不要发送语音。

2. 内容的偏重度

沟通者在传递信息时要考虑内容的偏重度，看内容本身是以信息为主，还是以思想和情感为主，然后选择相应的信息传递方式。

例如，将一份报告传给同事或上司，主要是为了进行信息沟通，因此应多使用电子邮件来传递信息；与客户沟通时除了要传递信息，还要增强与客户之间的情感联系，因此应多使用电话进行沟通。

五、确定沟通场合

沟通场合是指沟通双方进行沟通时的地点与氛围。场合有正式与非正式、公开与私下、欢乐与悲伤之分。同样的话在不同的场合所产生的实际效果是不一样的。

例如，在职场中，领导发现问题时，经常会请员工到自己的办公室谈话，对于员工来说，办公室是领导办公的地方，很容易让员工联系到上下级关系，从而产生心理压力，如果选在员工宿舍或职场休息休闲区，员工就更容易敞开心扉，增进彼此间的信任。

例如，领导对员工说："小文，你提的这个建议非常好！"如果在早会上，小文可能只会礼貌地回复："谢谢张总。"可如果在领导的办公室，只有领导和小文两个人谈话，小文可能会说："谢谢张总，早会让我有些紧张，是不是说了不少废话？我其实应该总结得更简练，表达得更清楚，我觉得我的建议在××方面还需要完善……"这样领导就会获得员工更多的真实信息。

六、掌控沟通时机

沟通者要想达到预期的沟通目标，取得良好的沟通效果，就要掌控沟通时机，灵活把握时间因素。如果时机不对，沟通的效果就会大打折扣，甚至会起到反作用。

1. 时间

沟通者在与他人沟通时要选在对方空闲的时候，同时考虑好沟通时长，尽量长话短说。如果沟通者在沟通过程中旁若无人地侃侃而谈，而对方一直在不停地看手表、看手机，自然无法接收和理解信息，沟通者也就无法达到沟通的目标。

2. 机会

沟通者要找准沟通机会，在对方情绪良好的时候展开谈话，或者在沟通前考虑沟通主题是否是对方感兴趣的。在沟通过程中，沟通者可以通过对方的表情和动作了解其心理变化，并在关键时刻引入话题，使沟通更融洽、更轻松，从而取得良好的沟通效果。

3. 时效

沟通具有时效性，随着时间的推移，其影响力会逐渐减弱，甚至出现负面影响。信息传递的延迟也会向对方传递某种信息，使对方产生各种不好的猜测，如自己不被重视，沟通者不负责任等。因此，沟通者要在最佳时效内进行沟通，如当场传达祝福、在事发当天道歉等。

评价与反馈

任务名称				任务完成时间			
子任务名称				组长签字			
工作组组别				教师签字			
序号	姓名	自我评价（15%）	组长评价（25%）	教师评价			
				工作态度（10%）	技能水平（30%）	完成情况（10%）	团队协作能力（10%）
1							
2							
3							
4							
5							
6							
小组总结：							

巩固与提高

1. 什么叫作沟通？沟通的具体内容包括哪几个方面？

2. 当你要传递一些信息给你的亲朋好友时，可以写信，也可以与他们面对面进行交流，比较这两种方式的优缺点。

3. 说说沟通的重要性在生活中体现在哪些方面？

4. 请阅读以下背景资料并回答问题及完成情境模拟。

某公司的产品出现质量问题，总经理召开员工大会，并做了主题发言，但是员工张薇对总经理的意见不太赞同。

总经理说完以后，让大家自由发言。张薇站起来说："我完全赞同总经理的意见，一定要把好质量关。每个人都应该高度重视产品质量，这是公司能够安全发展的保证。不过，我还有一个意见，那就是我们应该增强公司员工的质量意识，因为我发现公司一些员工的质量意识比较淡薄，对产品质量不太重视。如果大家的产品质量意识获得提升，产品的质量问题也就可以得到解决。"

总经理向张薇投去赞赏的目光，于是张薇继续说道："要想让员工增强质量意识，就要对员工进行集中培训。员工看到领导对质量如此重视，必然也会跟着重视起来。因此，我的建议是，如果公司能够定期开展产品质量意识培训会，就有可能从根本上解决产品质量问题。"

（1）请分析为什么张薇的意见会被总经理认可？请同学们根据案例分析如何向上级提出合理的意见。

（2）请同学们分组模拟以上案例的情境，并由教师点评。

项目 3　倾听技巧

项目导学

会说话是一种才能,而会倾听则不仅是一种才能,也是一种修养。倾听是获取客户信息的重要方式,能让我们与客户的沟通有的放矢,更有利于获得客户的信任,倾听也是电话销售最好的手段。在与客户的沟通中,倾听与说话一样重要。因此,我们需要学习倾听的方法和技巧。

学习目标

认知目标

了解倾听的意义,排除倾听的障碍,掌握有效倾听的原则和技巧。

情感目标

不仅要倾听客户讲什么,还要倾听客户如何讲;不仅要听出客户讲的内容,更重要的是要听出客户的感情和心中潜在的真实需求。

能力目标

能够运用学习到的倾听技巧与客户进行有效沟通。

任务1　倾听的意义和影响倾听的因素

情境导入

他是世界上最伟大的推销员，连续12年荣登《吉尼斯世界纪录大全》世界销售第一的宝座，他所保持的连续12年平均每天销售6辆车的世界汽车销售纪录，至今无人能打破。他也是全球最受欢迎的演讲大师之一，曾为众多世界500强企业的精英传授自己的经验，来自世界各地数以百万的人被他的演讲所感动，被他的事迹所激励。他就是美国雪佛兰汽车推销员乔·吉拉德。他曾经有过这样一次经历：[①]

有一次，乔花了近一个小时才让他的客户下定决心买车，然后他所要做的仅仅是让客户走进自己的办公室，把合约签好。

当他们向办公室走去时，那位客户开始向乔提起他的儿子。客户十分自豪地说："乔，我儿子考进了普林斯顿大学，我儿子要当医生了。"

"那真是太棒了。"乔回答道。

两人继续向前走时，乔却看着其他客户。

"乔，我的孩子很聪明吧，当他还是婴儿的时候，我就发现他非常聪明了。"

"成绩肯定很不错吧？"乔附和着，眼睛却向四处看着。

"是的，在他们班，他是最棒的。"

"那他高中毕业后打算做什么呢？"乔心不在焉。

"乔，我刚才告诉过你的呀，他要到大学去学医，将来做一名医生。"

"噢，那太好了。"乔说。

那位客户看了看乔，感觉到乔太不重视自己所说的话了，于是他说了一句"我该走了"，便走出了车行。乔·吉拉德呆呆地站在那里。

下班后，乔回到家回想今天一整天的工作，分析自己做成的交易和失去的交易，并开始分析失去客户的原因。

次日上午，乔一到办公室，就给昨天那位客户打了一个电话，诚恳地询问道："我是乔·吉拉德，我希望您能来一趟，我想我有一辆好车可以推荐给您。"

"哦，世界上最伟大的推销员先生，"客户说，"我想让你知道的是，我已经从别人

[①] 高彦杰. 服务客户的56个准则. 北京：中国经济出版社，2006：44-45.

那里买到车啦。"

"是吗?"

"是的,我从一个欣赏我的推销员那里买到的。乔,当我提到我为我儿子感到多么骄傲时,他是多么认真地在听着。"客户沉默了一会儿,接着说,"你知道吗?乔,你并没有听我说话,对你来说我儿子当不当医生并不重要。当别人跟你讲他的喜恶时,你应该听着,而且必须聚精会神地听。"

听完这个故事,大家对倾听的重要性应该有所了解了吧?乔·吉拉德对这一点感触颇深,因为他从自己的客户那里学到了这个道理,而且是从教训中得来的。

在与客户的沟通过程中,如果不能够认真倾听客户讲话,也就不能够"听话、听音",谈何机警、巧妙地回答客户问题?不能认真倾听是影响理解客户意思的最大障碍。

任务要求

了解倾听的意义和影响倾听的因素。

子任务1　倾听的意义

情境导入

某个通信公司曾碰到一个态度蛮横的客户,这位客户对通信公司的工作人员破口大骂,愤怒地威胁说要拆毁电话,他拒绝支付某项电信费用,说那是不公正的,而且写信给报社,并向消费者协会提出申诉。

通信公司为了解决这一麻烦,派了一位调解员去面见这位难缠的客户,这位调解员静静地听着那位暴怒的客户大声地"申诉",并表示同情和理解,让他把不满的情绪尽情发泄出来。此后,这位调解员又三次上门继续倾听他的不满和抱怨。当调解员第四次登门拜访时,那位客户已经完全平息了怒火,也变得通情达理了,而且把这位调解员当作好朋友一样对待,不仅付清了所有该付的费用,还撤销了相关申诉。

思考题

根据以上案例,请分析这位调解员是如何化解客户抱怨的?

任务要求

通过学习了解倾听的意义。

知识准备

要想学会倾听的技巧,首先要了解倾听的意义,在人际沟通中,任何时候都不可能只有一方信息的传达，即使在以表述为主的一方，也会因为倾听者不同的表现而调整自己的说话方式。因此，无论我们作为表述者还是倾听者，倾听都是至关重要的。

一、倾听是客户信息的重要来源

国际倾听协会是这样对倾听进行定义的：倾听（listening）是接收口头及非语言信息、确定其含义和对此做出反应的过程。美国《财富》杂志对500家公司进行的一项调查发现：59%的被调查者回答他们对员工提供了倾听方面的培训。研究表明，多数公司的员工把60%的时间花在倾听上，而经理们平均把57%的时间花在倾听上。

缺乏经验的人可以通过倾听来弥补自己的不足，富有经验的人通过倾听可以使工作更出色，善于倾听各方的意见有利于做出正确的决策。

呼叫中心的坐席员通过倾听能了解客户的需求信息、能理解客户的情绪和行为、能更好地发掘客户真实的需求，这样就能提升销售的成功率和服务的满意度，还能为公司带来更多的市场机会。

案例

日本"经营之神"松下幸之助是一位善于倾听的人，有一次他在市场闲逛，听到几位妇女议论："现在家里电器多了，电源插头要是能同时插上几种电器，就方便多了。"说者无意，听者有心。松下幸之助回去研制，很快生产出三通电源插头，既满足了客户的需求，又为松下公司带来了新的商机。

二、倾听有利于知己知彼

通往客户内心世界的第一步就是认真倾听，在陈述自己观点之前先让对方畅所欲言，这样就可以有的放矢，找到说服对方的关键。

案例

拨打热线的客户为A，坐席员为B。

B："喂！你好。"

A："你好，我是××的一个用户……"

B："我知道，请讲！"

A："是这样，我的手机这两天一接电话就断线……"

B："那你是不是在地下室，所以信号不好呀？"

A："不是，我在大街上都断线，好多次了……"

B：“那是不是你的手机有问题呀？我们不可能出现这种问题！”

A：“我的手机才买了三个月，不可能出问题呀。”

B：“那可不一定，有的杂牌机刚买几天就不行了。”

A：“我的手机是名牌正品，不可能有质量问题……”

B：“那你在哪儿买的，就去哪儿看看吧，肯定是手机的问题！”

A：“不可能！如果是手机有问题，那我用××的卡怎么就不断线呀？”

B：“是吗？那我就不清楚了。”

A：“那我的问题怎么办呀，我的手机天天断线，你给我交费呀！”

B：“你这叫什么话呀，凭什么我交费呀，你有问题，在哪儿买的你就去修呗！”

A：“你这叫什么服务态度呀，我要投诉你！”

B：（挂断）。

这是一个投诉处理不当的案例，在投诉的处理过程当中，坐席员都在不停地打断客户的谈话，违背了倾听的原则，没有给客户一个倾诉不满的机会，在没搞清客户的真实意图的情况下妄下结论，最终客户从对产品的不满意上升到对坐席员服务的不满意，导致投诉升级。

三、倾听有利于获得客户的信任

真正的沟通高手不是因为其具有雄辩的口才，而是因为其具有倾听他人讲话的耐心和技巧。

在与客户交谈的时候，认真倾听，对对方的话题表示出浓厚的兴趣，实际上是对客户最大的尊重。一些专门采访名人的记者发现：许多人不能留给别人好印象，主要是他们不注意倾听别人讲话，他们太关心自己要讲的下一句话，其实人们更喜欢善听者而不是善说者。

案例

卡耐基在《人性的弱点》一书中谈到，他曾与一位著名的植物学家共度了几小时，听对方谈论大麻及马铃薯的种植，结果卡耐基被对方评价为"最有意思的谈话家"，其实卡耐基本人几乎没有说什么，只不过表达出受益良多并希望拥有他的知识而已。

四、倾听是销售最好的手段

在销售中倾听技巧的运用也是大有文章的。若是在与客户沟通时，对方出现了一会儿沉默，你千万不要以为自己有义务去说些什么，相反，你要给客户足够的时间去思考和做决定，千万不要自作主张，打断他们的思路，否则你会后悔。

案例

日本金牌保险推销大师原一平曾有过这样的推销经历：他向一位出租车司机推销人寿保险，但那位司机坚决认为原一平绝对没有机会推销成功。后来，这位司机肯会见原一平，是因为原一平家里有一台放映机，它可以放彩色有声影片，而这是那位司机没见过的。原一平放了一部介绍人寿保险的影片，并在结尾处提了一个结束性的问题："它将为你及你的家人带来些什么呢？"放完影片，大家都静悄悄地坐在原地。3分钟后，那位司机经过心中的一番激烈交战，主动问原一平："现在我还能购买这种保险吗？"

最后，这位司机签订了一份高额的人寿保险契约。

在从事销售时，有的销售人员脑子里会有这样一种错误的想法，他们以为沉默意味着缺陷，可是，恰当的长时间的沉默不但是被允许的，而且是受客户欢迎的，因为这可以使客户产生一种放松的感觉，不至于因为有人催促而做出草率的决定。

任务实施

倾听与回馈

体会"倾听"与"回馈"在沟通时所产生的效果。

1. 游戏规则与程序

3~4人一组，每人轮流扮演说话者、倾听者与观察者，每人皆须分别扮演3种角色，体会每种角色的立场与感觉。

3种角色的任务如下。

（1）说话者，在5分钟内主动引发各种话题。

（2）倾听者，只进行倾听与响应，不主动引发任何话题。

（3）观察者，不介入说话者与倾听者的对话，只负责观察两人的对话情形。

2. 相关讨论

每人皆扮演过3种角色后，小组成员之间可以相互分享经验，说话者与倾听者分享彼此的感受，观察者则说出所观察到的情形。

3. 总结

在人际沟通中，重要的不只是把自己的意见、想法表达出来，还要用心倾听对方所传达的信息，如此才能真正达到双向沟通的目的。此种倾听的能力，是一种基本的沟通态度，也是一种可习得的技巧。

子任务 2　影响倾听的因素

情境导入

王经理意识到他的秘书李丽近来工作负担很重，他非常感激，想要减轻李丽的工作负担，便把她叫到了办公室，对她说道："近来你的工作任务很重，所以我想把客户回访的事交给小马去做，你看怎么样？"

李丽听到之后第一反应是：上司认为她的工作能力不强，无法承受现有的负荷，她觉得自己受到了伤害，感到很委屈。但是她又不想让上司知道自己的这种想法，只好勉强挤出一丝笑容，说了声："谢谢。"

王经理以为李丽理解了自己的意思，并且很感激他做出的安排。

在上面的案例中，交谈双方并没有"听懂"对方话语中的真正含义，导致出现误会。在沟通过程中，常常出现的曲解、误解甚至不解，都是不了解倾听障碍的表现。我们要想真正地做到有效倾听，就要先了解哪些因素会干扰倾听，进而找出解决的办法。

任务要求

通过学习了解影响倾听的因素。

知识准备

影响倾听的因素有很多，按其来源可以分为主观障碍和客观障碍。

一、主观障碍

在沟通过程中，造成沟通效率低下的最大原因在于倾听者本身，归纳起来包括倾听者的以下主观因素。

1. 倾听者过于自我

人们习惯于关注自我，总认为自己才是对的。在倾听过程中，过于注意自己的观点，喜欢听与自己观点一致的意见，对不同的意见往往置若罔闻，这将使人们错过倾听他人观点的机会。

案例

巴顿将军为了显示他对部下生活的关心，搞了一次参观士兵食堂的"突然袭击"。

在食堂里，他看见两个士兵站在一个大汤锅前。

"让我尝尝这汤！"巴顿将军向士兵命令道。

"可是，将军……"士兵正准备解释。

"没什么'可是'，给我汤勺！"巴顿将军拿过勺子喝了一大口，怒斥道，"太不像话了，怎么能给战士喝这个？这简直就是刷锅水！"

"我正想告诉您这是刷锅水，没想到您已经尝出来了。"士兵答道。

只有善于倾听，并且在倾听之后再做出决定，才不会做出像巴顿将军这样愚蠢的事！所以在倾听过程中切忌过于自我。

2. 倾听者已有的偏见

先入为主具有巨大影响力。先入为主如同一只杯口朝下扣着的杯子，你无法用它喝水，因为水根本倒不进去，所以你必须开放思想，尊重别人跟你分享的事情。如果你已经准备好了答案，认为自己已经知道客户要跟你讲什么，就不会太过关注客户在说什么，也就会停止倾听。

案例

中午，小张走进路边一家饭馆，要了一份汤。过了一会儿，服务员给他端了上来。服务员刚走开，小张就喊起来："对不起，这汤我没法喝。"服务员没有多问，又重新给他上了一碗，但他还是说："对不起，这汤我没法喝。"服务员无奈，只好把经理叫来。经理毕恭毕敬地朝小张点点头，说道："先生，这汤是本店最拿手的，深受客户的好评，难道您……""我是想说，没有勺子，我怎么喝？"

所以，不要一开始就假设你知道客户的意思而打断他们的讲话，除非你想让他们离你而去。客户讲话时，坐席员要全心全意地倾听他们所讲的每一句话，要通过客户所讲的内容来鉴定他们最关心的问题，然后根据他们的需要提出合理化建议，只有这样，才能收到事半功倍的效果，否则就会先入为主，认为自己真的了解客户的需求，而不去认真倾听。听完客户的话之后，坐席员应征询客户的意见，有重点地复述他们讲过的内容，以确认自己所理解的意思和客户是否一致，比如问一句"您的意思是……""我没听错的话，您需要……"，在还没有发现"什么对于客户最重要"之前，坐席员不要贸然提供信息，因为这无疑是在告诉客户你并没有关心他们的需要或问题，并且该信息很快就会被客户遗忘，只有让客户完全感到你确实了解了他们的需要后，你的信息才会被视为无价之宝。

3. 倾听者急于表达自己，说服对方

许多人认为只有说话才是表达自己、说服对方的唯一有效方式，若要掌握主动，便只有说。在这种思维习惯下，人们容易在他人还未说完的时候，就迫不及待地打断对方。

急于表达自己的习惯对倾听是有害的，因为这样做的结果妨碍了倾听所要达到的目的。

例如，处理客户投诉时，我们本来是为了平息对方的怒气去听取意见的，但是如果我们不让客户把话说完，只顾自说自唱，甚至与客户进行争论，结果不仅不能安抚对方，反而使对方更加不满，甚至会使冲突进一步升级。如果我们是出于建立良好关系的愿望去倾听，那么听者的急于表达也会影响客户对听者的看法，因为听者缺乏对客户的尊重和诚意，这也同样会降低客户对听者的尊重和好感。应避免出现以下情况："等一下，我们公司的产品绝对比你提到的那种产品好很多……""您说的这个问题我以前也遇到过，只不过我当时……"。

4. 倾听者急于结束谈话

如果注意力不集中，那么你可能只会把一部分注意力放在倾听上；如果你觉得对方的话无聊或让你感到不自在，可能会通过改变话题或者讲笑话来终止对方谈话的思路。应避免出现以下情况。

（1）随便打断对方讲话，以便讲自己的故事或提出意见。
（2）没有和对方进行目光交流。
（3）任意终止对方的思路，或者问太多的细节问题。
（4）催促对方，同时接打电话、写字、发电子邮件等。

二、客观障碍

在沟通的过程中，影响倾听的因素还可能是客观障碍，见表3-1。

表3-1 不同环境类型中影响倾听的主要障碍源

环境类型	封闭性	氛围	对应关系	主要障碍源
办公室	封闭	严肃、认真	一对一，一对多	不平等造成的心理负担，紧张，他人或电话扰
会议室	一般	严肃、认真	一对多	对在场他人的顾忌，时间障碍
现场	开放	可松可紧、较认真	一对多	外界干扰，事前准备不足
谈判	封闭	紧张、投入	多对多	对抗心理，说服对方的愿望太强烈
讨论会	封闭	轻松、友好、积极、投入	多对多，一对多	缺乏从大量散乱信息中发现闪光点的洞察力
非正式场合	开放	轻松、舒适、散漫	一对一，一对多	外界干扰，易走题

任务实施

倾听训练

1. 游戏规则与程序

（1）将学员分成若干组，人数不限，每组人数相同。

(2) 每组学员从前向后纵向排列。

(3) 老师将不同的 20~30 字的一句话分配给每一组，从前面第一个学员开始，一对一用说悄悄话（说话时不能让其他学员听到）的方式依次向后面传话。

(4) 每组最后一个学员将自己听到的那句话在全体学员面前复述。

结果证明，组员人数越多，误差越大。

2. 相关讨论

(1) 误差从何而来？

(2) 为什么会产生误差？

任务2 倾听的艺术

情境导入

一位坐席员接到了一位客户的电话，这位客户几天前通过电话订购了该公司的一台微型照相机，可是在产品送达之后，客户发现自己无法通过产品说明书彻底弄清楚照相机的用法。当客户把自己遇到的这一问题向坐席员说明之后，他又对坐席员提出了"能否更加直观地说明一下照相机的具体用法"的要求。在听到客户的要求之后，这位心不在焉的坐席员马上说道："我们送去的产品包装盒里面应该有说明书啊？您没看到吗？就在包装盒的最底层，照相机的下面……"

听到坐席员这样说，客户原本征询的语气立刻充满了怒气："你刚才到底有没有在听我讲话？"

坐席员并没有意识到自己的问题，而是满不在乎地回答："有啊，我一直在听您说话呀！"

"也许你刚才是在听我说话，可是我说了那么多你是否都听进去了呢？你知道我想得到哪些帮助吗？"客户的声音又提高了一倍。

坐席员有些摸不着头脑，不过他还在为自己辩解："您不是想要了解照相机的使用方法吗？所以我就告诉您产品说明书介绍得很详细，只要您认认真真地看看说明书就会知道怎么操作了。"

听到坐席员这样说，客户生气极了，因为在他看来，这位坐席员不但刚才没有认真听自己说话，而且有意暗示自己太笨，连简单的产品说明书都看不懂。

从上面的案例中不难看出，真正会说话的人并不一定滔滔不绝地发表长篇大论。要想成为一名善于和客户沟通的坐席员，我们需要训练倾听的能力和技巧，掌握倾听的艺术。有人也许会说："听，这有什么难的？"其实听与倾听之间存在本质上的差异。上述案例中坐席员可谓会听，可他却不懂有效倾听客户讲话，听懂客户的真正想法和需求，而当客户指出他的问题时，他就应该马上道歉，也许只要一句"对不起，刚才我没听明白"就能够解决问题，可他却为自己一再辩解，结果说得越多就越令客户生气。

任务要求

掌握有效倾听的原则和技巧。

子任务1　倾听的原则

情境导入

煮熟的鸭子为何飞了

有一次，一位客户向酒店订宴席。服务员小张接待了他，向他推荐了一种经济、实惠又体面的宴席，客户很满意，本打算先付订金，却突然变卦，转头离去。客户明明很满意，为什么突然改变了主意呢？小张想了一个下午，仍然没有头绪。到了晚上，他忍不住按照联系簿上的电话号码打电话给那位客户。"您好，我是某某酒店的小张，今天下午您来我们这儿订宴席，明明都谈好了，您为什么突然走了？""哦，你真的想知道原因吗？""是的，我检讨了一下午，实在想不出哪里出了错，特地打电话向您讨教。""很好！你现在在认真听我说话吗？""非常认真。""可是下午的时候，你根本没有用心听我讲话。就在我决定付订金之时，我提到这是为我儿子考上大学而庆祝的，我以他为荣，你却毫无反应，而是在专心地听另一个同事讲笑话。"

案例中的小张之所以失败，原因就在于他没有耐心去倾听客户的讲话。那位客户除了订宴席，更希望别人能称赞他有个优秀的儿子。坐席员一定不要掉以轻心，而应该保持十二分的耐心。在工作中，很多误会和麻烦是由不能有效倾听导致的，追求卓越服务的重要环节之一就在于学会倾听。

任务要求

通过学习掌握倾听的原则。

知识准备

一、"听"的几种类型

（1）听而不闻。其主要表现在听者心不在焉，自己想自己的。听和倾听的不同在于：听是与生俱来的能力，是人的听觉器官对声音的生理反应；而倾听则是一个主动参与的沟通过程。听而不闻的人只是在应付，敷衍了事，根本就没有在听，也不会与讲话者交流，更不会给予其反馈，使讲话者产生被轻视、不被尊重的感觉。

（2）选择倾听。其特点是听者想听时才听，自己感兴趣就听，对方谈的与自己意见不同或自己不感兴趣就不予理睬。有些人忽略了倾听对方讲话，还会以"他讲的不重要"来自我安慰。

（3）专注式倾听。这种倾听方式较前面两种效率高，每句话都认真听了，却只用耳朵听，没有用心听，只关注了语言信息，而忽略了对方的情感，因而不能捕捉到对方表达的全部信息。

（4）有效倾听。有效倾听是真正主动参与沟通，聚焦讲话内容，把注意力从自己转移至讲话者，不带偏见，不做预先判断，积极反馈，使讲话者从中受到鼓励。

前三种"听"都是人们倾听的误区，而有效倾听则能捕捉完整的信息，注意对方的身体语言和语调这些隐含信息，真实、全面地理解讲话者的意见和需要，觉察他们所要表达的情感。

案例

外国使节送给国王三个相同的泥娃娃作为礼物，并出了一道难题：三个泥娃娃虽然看起来一样，但只有一个最珍贵，请问是哪一个？国王和大臣们很茫然，百思不得其解。突然，一位大臣禀告国王说他知道哪个最珍贵。他用三根头发丝插进三个泥娃娃的耳朵里，第一个头发丝从另一只耳朵里出来了，第二个头发丝从口里出来了，第三个没有露出头发来。于是，他就说第三个最珍贵。这位大臣说："这就好比人，第一个人左耳听、右耳出，根本听不进话；第二个人听进去了就说出来，没有城府；第三个人会倾听，并默记在心，所以最珍贵。"国王和其他大臣们听了恍然大悟，纷纷赞同！外国使节也不由得佩服。

二、有效倾听的三个层次

（1）排除干扰。干扰有三种：第一种是外部环境干扰，外部环境干扰不仅指声音方面的干扰，还指其他方面的干扰，如浓烈的香水味、过高的室内温度、夸张的服饰等。第二种是认知干扰，人们说话时总是根据自己的习惯来表达，或是带有主观色彩，这就会影响听者的判断。第三种是情绪干扰，大多数人在非常情绪化的时候无法做到有效倾听，激动的情绪会对倾听造成干扰。

在倾听的时候，我们要排除干扰，做深呼吸，稳定情绪，不仅要听到对方所说的内容，还要听清楚对方所讲的中心思想，关注内容，捕捉要点。

（2）身体参与、言语参与。我们在倾听时要做到适当回应，身体语言应该是积极开放的动作，如表示赞许的点头、关注的目光、对谈话感兴趣的表情等。

此外，我们也可以通过言语给予讲话者回应。例如，我们可以附和"对""是这样""有道理"等，也可以进行确认，如"您刚才说的是……""您的意思是……""这一点请再说一遍……"等,还可以进行提问,如"能举个例子吗""后来怎么样"等。

问题要简短,时机要恰当,必要时要做笔记。

(3) 思想参与(同理心倾听)。我们在倾听时要集中注意力,保持良好的精神状态去接收信息。不仅听,还要全神贯注地观察;善于归纳讲话者的语言及情感内容;理解而不是评价,认真思考但不是想着去挑毛病、想对策和考虑如何说服对方。

我们要从讲话者那里接收到全面的信息,不急于下结论,避免预先判断对方讲什么;不要让我们的偏见影响对信息全面、准确的接收;避免急于插话,让对方把话说完,不打断对方。

同理心倾听是最高层次的倾听,出发点是为了"了解"而非为了"反应",也就是通过交流去了解别人的观念、感受。

同理心倾听要做到下列"五到"。

① 耳到(耳朵听进去)。

② 口到(声调)。

③ 手到(用身体表达)。

④ 眼到(观察身体语言)。

⑤ 心到(用心灵体会)。

例如,史蒂芬·柯维博士在他的著作《成功人士的七个习惯》中举了这样一个对比案例:

子:"上学真是无聊透了。"

父:"怎么回事?"

子:"学的都是些不实用的东西。"

父:"现在确实看不出好处来,我当年也有同样的想法,可是现在觉得那些知识还挺有用的,你就忍耐一下吧!"

子:"我已经耗了十年了,难道那些 X+Y 能让我学会修车吗?"

父:"修车?别开玩笑了。"

子:"我不是开玩笑,我的同学王明辍学修车,现在月收入不少,这才有用啊!"

父:"现在或许有用,以后他后悔就来不及了。你不会喜欢修车的。好好念书,将来不怕找不到更好的工作。"

子:"我知道,可是王明现在很成功。"

父:"你已经尽了全力吗?这所高中是名校,应该差不到哪里。"

子:"可是同学们都有同感。"

父:"你知不知道,把你养到这么大,我和你妈妈牺牲了多少?你已经读到高二了,不许半途而废。"

子:"我知道你们牺牲很大,但是不值得。"

父："你应该多读书，少看电视。"

子："爸，唉……算了，多说也没有什么用。"

这对父子间的对话显然是失败的，父亲至少犯了以下四种错误。

价值判断——对旁人的意见只有接受与不接受。

追根究底——以自己的价值观来探查别人的隐私。

好为人师——以自己的经验提供忠告。

想当然——根据自己的行为动机来衡量别人的行为动机。

同一案例，我们用同理心倾听则会得到不同的结果：

子："上学真是无聊透了。"（我想引人注意，与人谈谈心。）

父："你对上学有很深的挫折感？"（对，这正是我的感觉。）

子："学的都是些不实用的东西。"（我在学校有了问题，心里好烦。）

父："你觉得读书没什么用？"

子："对，学校的东西对我不一定有用。你看王明，他现在修车技术一流，这才实用。"

父："你觉得他的选择很正确？"

子："嗯，从某个角度看，的确如此。现在他的收入很高，可是几年以后，或许会后悔。"

父："你认为他将来会后悔他的决定？"

子："一定会的，现在的社会，教育程度不高会吃亏的。"

父："所以教育很重要。"

子："对，如果高中都没毕业，一定找不到好工作，也上不了大学。有一件事我真的很担心，你不会告诉妈妈吧？"

父："噢，你不想让你妈妈知道？"

子："不是啦，跟她说了也无妨，反正她早晚也会知道的。今天学校举行阅读能力测验，结果我只有小学程度，可是我已经高二了。"（儿子终于吐露真言，原来他担心自己的阅读能力不如别人。此时才是父亲发挥影响力、提供意见的时候。不过在开导的过程中，仍然要注意孩子的言谈间所传达的信息。如果是合理的反应，不妨顺其自然，但当情绪性反应出现时，必须仔细聆听。）

父："也许你可以通过补习加强阅读能力。"

子："我已经打听了，可是每星期要耗好几个晚上！"（父亲意识到这是情绪性反应，应进行同理心倾听。）

父："你觉得补习代价太高了？"

子："嗯，我已经答应同学，晚上另有活动。"

父:"哦,你不想食言?"

子:"不过补习如果真的有效,我可以想办法跟同学改时间。"

父:"你其实是很想下功夫的,但又担心补习没有用?"

子:"您觉得会有效果吗?"(孩子又恢复了理性,父亲则再次扮演导师的角色。)

进行同理心倾听的父亲做到了以下几点。

专注——倾听内容的同时倾听情感,集中听并概括所听到的信息。

负责——全心关怀对方,通过提问来确保自己的理解是正确的。

移情——尊重对方的价值观,不让自己的价值观凌驾于对方之上,避免任意批评对方,把自己置身于讲话者的位置上,努力去理解讲话者想表达的含义。

接受——客观地倾听内容而不做判断。

少建议——唯有理解后才能提出建议,没有理解的建议,只会伤害对方。

三、倾听的原则

认真地倾听比喋喋不休地倾诉更容易接近客户,更能了解其真实的需求。倾听能表达对客户的关怀,使他愿意把你当成朋友,从而使你有机会为他提供更周到的服务。那么,要进行有效的倾听主要应遵循以下三条原则。

(1)耐心。在提供服务时,坐席员要以诚恳、专注的态度倾听客户的叙述,给客户充分的表达时间,尤其在介绍完服务项目及相关知识后,要耐心地倾听客户的意见和想法。他们通常没有时间为你多讲几遍,也不会反复强调重点,有时甚至会隐藏起自己的真实需求,这就更需要坐席员在倾听时保持高度的耐心。通常,客户所说的话都有一定的目的,有时候,一些无关服务的话题,坐席员也许会认为无关紧要,可对客户来说却意义非凡。此时,如果坐席员表现出厌烦或不专心,那么可能会影响其对服务的感知。

(2)关心。以关心的态度倾听,像是一块共鸣板,让客户也能够了解你的意见和情感。坐席员不要用自己的价值观去指责或评判客户的想法,要与他们保持相互理解的态度。在与客户谈话的过程中,坐席员不要马上问许多问题,因为不停地提问,会使客户觉得自己在接受"拷问",要让客户畅所欲言,无论是称赞、抱怨、驳斥,还是警告、责难、辱骂,坐席员都应仔细倾听,并做出适当的反应,以表示关心和重视。

第一,带着真正的兴趣倾听客户在说什么。客户的话就像一张藏宝图,顺着它可以找到宝藏。

第二,理解客户所说的话。让客户在你脑子里占据最重要的位置,这也是让客户满意的重要方法。

第三,学会用眼睛去听。始终与客户保持目光接触,观察他的面部表情和声调变化。

第四,必要时,记录客户所说的有关内容。它会帮助你更认真地听,并记住对方的话。

第五,对客户的话适当予以回应。人们往往希望自己的话得到听者的共鸣,因此在听的同时,不时地点头,适时插入一两句,这样会让客户觉得你没有敷衍他,而是在认真倾听。

(3) 别一开始就假设自己明白客户的问题。永远不要假设你知道客户要说什么。在听完之后,应当问一句"您的意思是……""我没理解错的话,您需要……"等,以验证你所听到的。

案例

某公司需要招聘坐席员。在面试时,考官们给每个求职者5分钟时间做自我介绍。在某个求职者做介绍时,考官们不只注意他的表现,同时还留意其他求职者的表现。在这些求职者中,有的埋头准备自我介绍;有的在热情地鼓掌,支持可能成为他们同事的演讲者。当演讲者出现失误时,有的人在一旁幸灾乐祸,有的人流露出替他着急的表情。那些认真倾听他人介绍的人得到了进入该公司的"许可证"。

这些人之所以被录取,就是因为他们在别人说话的时候能仔细倾听,表现出自己的关心,并能感同身受。这正是作为一名坐席员所应具备的素质,考官们有理由相信,当这些人面对客户时,也一样能做到这一点。

任务实施

问一问自己

1. 状态陈述

每一个人都有可能不时地在倾听中出现失误。你可能也认识极好的倾听者和几乎不倾听的人。要想知道你是何种类型的倾听者,可以问自己以下问题,用"常常""有时"或"从不"来回答每一个问题。

(1) 你曾经做错作业,而你班上的其他同学都能做正确吗?

(2) 你曾经要求老师重新解释他(她)在班上留下的作业吗?

(3) 你曾经因为没有仔细听某人指路而迷路吗?

(4) 你的同学曾经因为你问了一个刚刚解答过的问题而嘲笑你吗?

(5) 你曾经问过一个经讨论没什么必要做的问题吗?

(6) 你曾经由于受到某事的干扰而没有很好地倾听吗?

(7) 你曾经因为没有倾听而受到指责吗?

(8)你曾经让别人告诉你位置却还找不到要找的东西吗?

2. 相关讨论总结

(1)对这些问题你有多少次回答"常常""有时"?

(2)你的回答使你了解到了什么?

(3)许多回答这个问卷的人可能由于发现自己没有很好地倾听而感到震惊,你有何感想?

子任务 2　客户服务过程中的倾听技巧

任务要求

掌握倾听的技巧,准确获取客户信息。

知识准备

一、表现出愿意提供帮助的意愿

在沟通过程中,我们可以运用一些话语来表示自己愿意为客户提供帮助,如"让我看一下该如何帮助您""我很愿意为您解决问题""很高兴为您服务"。

当客户正在关心自己的问题是否能够得到解决的时候,坐席员体贴地表现出愿意提供帮助,客户自然会感觉到安全、有保障、可信任,从而消除疑虑,取而代之的是依赖感。接下来坐席员要做的就是为客户提供解决方案。

在为客户提供解决方案的时候要注意以下几点。

(1)通常一个问题的解决办法不是唯一的,所以坐席员为客户提供解决方案的时候应尽量提供多个方案供客户选择,这会让客户感受到服务的人性化,并感受到被尊重,从而使客户愿意给予更多的认可和配合。

(2)能够第一时间帮助客户解决问题当然是最好的,但是有些问题可能比较复杂或特殊,甚至超出了坐席员的工作权限,导致其不确定应该如何帮客户解决问题。如果真的出现不确定的情况,坐席员首先不要向客户做出任何承诺,而是要诚实地告诉客户情况有些特殊,但会尽力帮助客户寻找解决的办法,并且需要一点儿时间。

坐席员可与客户约定回复的时间,需要注意的是,在约定时间的时候尽量多留给自己一些处理时间,如这件事正常情况应在 5 分钟内给予客户回复,在同客户约定时间的时候可以定 10 分钟。这样做的好处是,如果 5 分钟后就给予客户回复的话,客户会认为你的工作效率很高,服务优秀。

约定好时间以后，坐席员需要做的就是确保在这个时间内给客户回电话。即使到时坐席员仍不能帮客户解决问题，也要准时打电话向客户解释并说明工作的进展，表明自己所做的努力，并再次约定给予客户回复的时间，同时向客户承诺。与你做不到的事相比，你的诚实更容易得到客户的尊重和理解。

二、鼓励客户先开口

（1）倾听客户讲话本来就是一种礼貌行为。愿意倾听客户的诉求表示我们愿意客观地考虑客户的看法，这会让客户觉得我们很尊重他的意见，有助于建立融洽的关系，进行友好的沟通。

（2）鼓励客户先开口，这样可以改善沟通的氛围，有助于更多、更好地掌握客户信息。

（3）客户首先提出他的看法，坐席员就有机会在表达自己的意见之前掌握双方意见一致之处，从而使客户愿意采纳坐席员的意见或处理结果。

三、接受客户的观点

如果坐席员无法接受客户的观点，就有可能错过很多机会，而且无法建立起融洽的关系。尊重客户的观点，可以让对方了解我们一直在倾听，并且我们也听懂了他所说的想法。尽管我们可能不同意客户的观点，但我们还是必须尊重客户的想法。接受客户的观点还能够帮助客户建立自信，从而使客户也愿意接受坐席员的不同意见。

四、找出谈话的重点

倾听的目的在于鉴别客户表达的需求中哪些是重要的，哪些是不太重要的。当判定了客户的需求之后，坐席员仍然需要通过倾听来确认其真实性。清楚地听出客户谈话的重点，也是一种能力。坐席员与客户交谈时，要善于察言观色，抓住其弦外之音，因为并不是所有的客户都能清楚地表达他们的想法，特别是在其心存不满、受情绪影响时，经常会有类似于"语无伦次"的情况出现。除了排除外界的干扰、专心致志地倾听，坐席员还要排除因客户说话方式造成的干扰，不要只把注意力放在对方的咬舌、口吃、地方口音、语法错误或"嗯""啊"等习惯用语上面。与被动做出反应不同的是，有效倾听是为了了解而非为了反应，是为了更加积极、主动地融入到客户的思路中去。尤其是当客户流露出某些重要的信息时，坐席员应及时加以澄清，并注意客户的根本需求，引起其共鸣。

五、不要随意打断客户的讲话

倾听的秘诀是：花 80% 的时间去听，给你的客户 80% 的时间去讲。这个比例至关重要，其中隐含的技巧叫作"不要独占任何一次谈话"，也就是说"不要打断他人的讲话"。在服务过程中，经常会出现坐席员打断客户讲话的情况，比如坐席员以为客户说完了，就开始发表自己的观点，突然发现客户似乎还未说完，马上说："对不起，您先讲。"这是无意打断。无意识地打断客户的讲话是可以理解的，但也应该尽量避免；而有意识地打断客户的讲话是绝对不允许的。"您先别说，先听我说！"这样与客户谈话是非常不礼貌的。当你有意打断客户讲话的时候，你会发现自己挑起的是一场战争。因此，与客户交谈时，坐席员要学会克制自己，抛开自己的兴趣、偏见和困难，以客户为中心，协助客户把话讲完。人人都喜欢好听众，真正优秀的坐席员都是倾听的高手，他们沉默寡言，只是在关键的时刻才发表自己的意见。

温馨提示：

客户不但喜欢说话，更喜欢听他讲话的人。有的客户说话很慢，也许你能把他的意思表达得很明白，但你千万别那么做！因为没有什么比感到别人没有在认真听自己讲话更让人恼火的事情了。

六、集中精力，适时回应

谈话必须有来有往，紧随客户的思路，与客户同喜同忧。如何才能让客户感觉到你在听他的讲话并且不至于打断客户呢？很简单的办法就是适时给予客户回应，说一些附和的简单话语，如"嗯""好的""您请讲""我理解""然后呢""原来是这样"等。这样不仅能让客户知道你在听他讲话，还能起到鼓励客户继续讲下去的作用，客户会认为自己找到了一个很好的倾诉者，并且愿意把更多的信息传达给你。

相信每个人都有这样的经历，当你在打电话的时候，对方很长时间没有声音，这时候你会担心地问一句："喂，你在听吗？"因为你担心电话断线了或者信号不好。这种情况如果发生在生活中可以不追究，但是千万不能发生在与客户沟通的过程中。

七、做沟通记录

俗话说：好记性不如烂笔头。一线坐席员每天要面对许多客户，每一位客户的要求都不尽相同，在通话时记录与客户谈话的重点是避免遗忘客户信息的最安全的方法。

记录谈话内容除了防止遗忘，还具有核对作用。坐席员可以通过重复客户谈话时的重点来核对自己所听到的与客户要求的是否一致，并且在达成协议并实施的时候，可以根据记录检查是否完成了客户的需求，以避免因遗忘而造成客户投诉，并消除"已经交代了""没有听到"之类的口角纷争。

任务实施

游戏一：你说我听。

1. 游戏准备

（1）两个同学为一组。

（2）一个同学代表 A，另一个同学代表 B。

（3）A、B 两位同学分别默读自己的纸条。强调：想让游戏变得有趣吗？那么 A 同学和 B 同学一定要按照纸条上的要求去做。

A 同学的任务：认真给 B 同学讲讲最近让你烦心的一件事或周末的经历。时间为 1~2 分钟。

B 同学的任务：对方给你讲事情时，要求你在听的时候或东张西望，或收拾东西，或做其他动作；打断他的话题并不断做出评论。做的时候，请你稍微自然一些，不让对方觉察你是故意这么做的。

2. 游戏分享

（1）请 A 同学谈谈在刚才活动中发生了什么事情？有何感受？

（2）请 B 同学说说自己做了什么？观察到 A 同学有什么反应？

（3）在这个游戏中，B 同学扮演了不受欢迎的倾听者。在我们的生活中，还有很多这样的例子。再让我们身临其境地看一些情境，想一想：他们是受欢迎的倾听者吗？在他们身上都有哪些不受欢迎的倾听行为？

（4）小组讨论：你希望当自己在讲事情时，对方怎么做呢？

（5）自我评价：从倾听的行为表现来看，想一想自己是不是一个好的倾听者？

游戏二：再一次继续前面的"你说我听"的游戏，体验倾听。

1. 游戏要求

（1）继续完成上面的游戏。在这次游戏中，请 A 同学继续完成他们刚才的讲述，这次要求 B 同学做善于倾听的人。

（2）学生两人一组，轮换讲述最近的烦心事，体验倾听。

2. 游戏分享

（1）请同学谈谈，跟上次活动相比，这次有什么不同的感受？

（2）小组讨论：在这次的活动中，你对同学的倾听行为感到满意吗？哪些倾听行为让你觉得满意，哪些倾听行为你觉得对方还有必要改进？请你给对方提出改进意见。你觉得对方是一个善于倾听的人吗？

评价与反馈

任务名称				任务完成时间			
子任务名称				组长签字			
工作组组别				教师签字			
序号	姓名	自我评价（15%）	组长评价（25%）	教师评价			
				工作态度（10%）	技能水平（30%）	完成情况（10%）	团队协作能力（10%）
1							
2							
3							
4							
5							
6							
小组总结：							

巩固与提高

1. 列举生活和学习中倾听障碍影响倾听的事例。
2. 在人际沟通中有效倾听能起到什么重要作用？
3. 比较倾听在语音聊天、语音视频聊天及电话聊天中有什么不同？
4. 许多人在"抢夺"发言权意欲畅所欲言时，常常发现事与愿违，你知道其中的原因以及改善的方法吗？

项目 4　沟通中的感染力

📚 项目导学

在电话销售培训课程中,我们经常会被问到一个问题:"你们在电话中都喜欢与什么样的人交流和沟通?"答案有很多,如声音甜美、声音有磁性、讲话清晰、思维敏捷、亲切、不打官腔、有耐心、注意力集中、简洁、直奔主题、平和、沉稳、讲普通话、理解力强、易沟通、马上解决问题、礼貌、有问必答、热情有度、让人产生遐想、幽默、可爱等。对上面的要点进行总结,我们不难发现其中有些是与声音有关的,如声音甜美、声音有磁性等;有些是与讲话方式有关的,如简洁等;有些是与态度有关的,如有耐心、注意力集中等;有些是与个性有关的,如热情有度等;有些是与专业程度有关的,如能马上解决问题等。在面对面的交流过程中,我们的身体语言也同样无时无刻不在给对方传递着信息,包括表情、呼吸节奏、身体细微的动作等,这些都能给予对方不一样的感受。因此,探究沟通中的感染力对于学习如何有效沟通具有重要意义。

📚 学习目标

认知目标

能从积极、热情、节奏、语气、语调、音量等方面把握声音的感染力在沟通中的作用;理解身体语言的定义和功能,并能够很好地控制和运用身体语言,与客户建立和谐的沟通关系;学会交谈中所要注意的几个要点,学会如何启动一次谈话、如何掌控一次谈话、如何使客户接受和信服你,以及把握若干交谈的语言技巧。

情感目标

能切实运用所学知识,用真情实意感染客户。

能力目标

能够掌握声音技巧、非语言技巧及交谈技巧,并合理运用于实践当中。

任务1　声音的感染力

情境导入

历届美国总统的演讲都精彩纷呈,尤其是第十六任总统林肯,在其奋斗生涯中,他那略带肯塔基乡音的伟大演讲,不知唤起了多少美国人勇往直前的信心。如今,那些堪称典范的演讲得以产生的历史背景消逝已久,但演讲中那充满激情、让人热血沸腾的声音依然回响在耳边。强有力的声音具有很强的感染力,会使听众很快接受你、喜欢你,对建立瞬间亲和力有很大的帮助。因此,声音的感染力具有的效果是沟通中需要探究的重要部分。

任务要求

能知晓声音感染力的几个主要方面,并能够熟练地将其运用于实践当中。

知识准备

我们应当从积极、热情、节奏、语气、语调、音量等方面把握声音的感染力在沟通中的作用。

一、积极

积极的心态会使你的声音听起来积极且有活力,也会使你产生积极的行为。举个简单的例子,以前一个电话销售人员遇到过这样一件事情:他正在与一个很重要的客户谈一笔对他来讲很重要的业务,客户已处于决策的最后关头,他想打个电话给客户,但他又不敢,他担心他所得到的结果是他不愿意看到的。他在脑海中一次次地重复着自己被客户告知已经没有希望的情景，但这其实只是他自己的幻想。最后，当经历了长时间的痛苦后，在无可奈何的情况下，他有气无力地、勉强地给客户打了个电话，结果发生了什么事情？在电话线的那一端，客户很热情地告诉他：他们已经决定合作了。这个销售人员听后长长地舒了一口气。其实在很多情况下，我们所有那些消极的想法都是自己施加压力所致，而事实上我们完全没有必要这么做。因此，用你积极的心态去面对你所遇到的每一位客户，你会发现，奇迹真的会发生。

二、热情

热情可以感染客户，这是毫无疑问的。我们中的很多人在与客户见面交谈时，即使交谈了很长一段时间，仍然精神抖擞，但在打电话时，却很容易出现疲倦。因此，产生热情并不太难，难就难在任何时刻都保持高度的热情。对此我们可以采取以下方式来保持热情：打一段时间电话，休息几分钟；喝一杯自己喜欢的饮料；四处走走，活动活动；做深呼吸。

三、节奏

感染力也体现在讲话的节奏上。节奏一方面是指自己讲话的语速，另一方面是指对客户所讲问题的反应速度。你有没有这样的经历，当你进行自我介绍时，客户在电话那边讲："什么什么，你说什么？"客户显然没有听清楚你在讲什么，尤其是你讲的公司对他来说是陌生的。讲话速度太快，可能使客户听不太清楚，从而使其失去兴趣；而太慢的语速往往又会缺乏激情。此外，对客户的反应速度也很重要。对客户的反应如果太快，如客户讲"我说这件事的主要目的是……"，这时销售人员讲"我知道，您主要是为了……"，因为销售人员知道客户下面要讲什么，就打断了客户，这种情况会传递一种不关心客户、没有认真倾听的信息。注意，这时候，我们不是在做抢答题，当然反应太慢也不行。不同类型语速的特点与适用场景见表4-1。

表4-1 不同类型语速的特点与适用场景

语速类型	特点	适用场景
快速	缓急有度，快而不乱，表示激动、欢快、紧张、兴奋的心情	适用于处理紧急事务或表达强烈的情感，如"我要走啦"
中速	快中有慢，慢中有快	适用于感情没有多大变化的语境中，如"我没有要紧的事，我等会儿再走"
慢速	慢而不拖，自然流畅，常表示悲伤沮丧的心情	适用于叙述平静、庄重的场景，如"请大家保持肃静"

四、语气

与客户通电话时，所用的语气也很重要。语气要不卑不亢，不要让客户感觉到我们是在求他们，如"您看，这件事情啊，全靠您了"等，这种唯唯诺诺的语气只会传递一种消极的印象给客户，而且不利于建立专业形象。当然，我们也不要让客户感觉到我们有股盛气凌人的架势，如"你不知道我们公司啊"。有时，我们在打电话时想向客户传达的是一种语气，但对方听到并理解的可能是另外一种语气。例如，如果让一位同学用开心的、真诚的、讽刺的、愤怒的、高兴的语气来表达同一句话——"十分感谢您请我来参加这个晚会，我真的很高兴"。在向其他同学表达之前，不告诉其他人自己想通过哪种语气表达，结果你会发现有时你想表达的东西，别人并不会百分之百地理解。

五、语调

语调是指沟通者声音的高低曲折变化，分为平调、声调、曲调、降调四种类型。不同语调的特点及其表达的含义与情感不同。

语调不能太高，如果是男声，低沉、雄厚、有力的声音会更具有吸引力，需要特别注意的是，男声不要太尖，或太似女声。同时，讲话时语调要抑扬顿挫。太过平淡的声音会使人注意力分散，产生厌倦，尤其是我们要解释一个重要的问题，并且所花时间比较长的情况下。在重要的词句上，我们要用重音。例如，销售人员讲："我建议我们现在就采取行动。"在这句话中，行动是重点，要用重音强调。当然，我们也应当注意客户所强调的重点词，这就需要我们有良好的倾听能力。

即使表达的内容相同，人们也可运用不同的语调来表达不同的含义。例如，在说"请"字时语调平稳，表明沟通者诚恳，礼貌客气；语调上升、带拖腔，表明沟通者满不在乎或无可奈何；语调下降且语速短促，表明沟通者可能怀有敌意，说话语气中透出命令的意味。因此，沟通者在沟通中除了要调整好自身的语调，还应注意对方语调的变化，准确理解对方表达的含义。

六、音量

音量是指沟通者说话声音的大小。沟通者说话的音量要视沟通场合、环境而定。在嘈杂的环境中沟通，沟通双方都要提高音量才能听清楚对方的讲话，但在一些公共场合，如影院、剧场，观众通常不应讲话，若必须讲话也应压低声音，以免影响周围的人。

沟通者把握好音量，可以为语言表达增添色彩，提升沟通效果。不同的音量能表达不同的含义。

声音洪亮，会给人热情自信的印象，适用于在会议上发言、演讲。而在平时说话时声音不宜过大，否则会给人咄咄逼人、自大、性格急躁、不沉稳的印象。

说话轻声细语，会给人善解人意、值得信赖的感觉，但如果声音太小，会让人觉得此人怯懦、自卑或者传递的信息不重要。

在客户服务过程中，音量不能太大，太大会有些刺耳，太小对方又可能听不清楚。把握音量最好的办法是请你的同学或朋友帮忙，让他们听听你在电话中以什么音量讲电话最好。同时，由于客服人员大多配有专用的电话耳机，耳机中话筒的位置也很重要，不要直接对着嘴部，要放在嘴的左下角，这样对保持正常音量和提升音质有很大的帮助。

任务实施

1. 游戏规则与程序

（1）让一个同学分别展示三种声音，由低到高，由慢到快，由冷漠到热情，句子为："女士们、先生们，大家上午好！"

（2）在大家喧嚣的时候，你试着改变自己的声调，看看会发生什么样的变化。

2. 相关讨论

通过同一个人对相同的内容进行不同的声音表达，来体会不同的声音表达的不同效果。

3. 总结

强有力的声音感染力会使听众很快接受你、喜欢你，对建立瞬间亲和力有很大的帮助。因此，声音的感染力具有的效果是沟通中需要探究的重要部分。

任务 2　身体语言的感染力

情境导入

在 2003 年全国人民抗击"非典"的日子里，很多人都对一个电视镜头产生了深刻的印象：那是一位住院的患者，他被隔离在不能与外界接触的病房中，记者不能走进病房进行拍摄，我们无法听到他的话语，但是他透过玻璃向窗外的人做出了表示胜利的"V"形手势。这里没有语言，却胜过千言万语，代表了决心、信任，它鼓舞医护人员英勇奉献，激励其他病友战胜病魔，更呼唤所有中华儿女众志成城，共渡难关。

人类的身体语言之所以能够在特殊时期发挥巨大的作用，是因为其本身就植根于我们日常的工作生活之中，凡是在与人进行接触交流的时候，我们都会自觉或不自觉地使用大量的非语言信息，同时也会有意或无意地从他人的身体语言中找到有用的信息。如果我们能够对非语言沟通有比较透彻的了解并且有意识地加以运用，沟通将变得更加有效。

任务要求

掌握身体语言沟通的定义和功能，并能够很好地控制和运用身体语言，与客户建立和谐的沟通关系。

子任务 1　非语言沟通的定义和功能

情境导入

麻将后面的政治新闻[①]

我国新闻界的前辈徐铸成先生有一次谈到他早年采访时的一段经历。1928 年，阎锡山和冯玉祥曾经酝酿联合反对蒋介石，可是当冯玉祥到达太原时，阎锡山却把他软禁起来，借此行动向蒋介石要钱要枪。后来冯玉祥的部下做了一番努力，才逐步扭转危局。

---

① 宋莉萍. 沟通与礼仪教程. 上海：上海财经大学出版社，2012：143.

那天徐铸成到冯玉祥驻太原办事处采访，看到几个秘书正在打麻将，心里一动，估计冯玉祥已经脱身出走，因为冯玉祥治军甚严，如果他在家的话部下是不敢打麻将的。徐铸成赶紧跑到冯玉祥的总参议刘治洲家采访，见面就问："冯玉祥离开太原了？"对方大吃一惊，神色紧张地反问："啊？你怎么知道？"这个简单的对答，完全证实了徐铸成的猜测。徐铸成就这样通过一桌麻将和采访对象的神色语气，获得了冯玉祥脱身出走的重要信息。后来他又经过深入访谈，摸清了冯玉祥和阎锡山将再度联合的政治动向，在当时这是一条极其重要的政治新闻。

本案例中的徐铸成通过非语言沟通，获得了重要的政治新闻，可见非语言沟通的重要性，那么应该如何在沟通交流中很好地学习和应用非语言沟通呢？

任务要求

在沟通中学会应用非语言沟通。

知识准备

一、非语言沟通的定义

你也许遇到过这种情况：在你和别人交谈时，对方时不时看表，并对你不自然地笑。这时，你就会知趣地告辞了。你从什么地方知道对方不愿意再听你讲下去了呢？其实就是非语言信息。对方时不时地看表，说明他可能另有安排；他对你不自然地笑，说明他不好意思打断你的话，并告诉你他想请你离开。

所谓非语言沟通就是指不通过口头语言和书面语言，而是通过其他的非语言沟通技巧，如音调、眼神、手势、空间距离等进行沟通。因为非语言沟通大多通过身体语言表现出来，所以通常又被称作身体语言沟通。人们有时候会有意识地运用非语言沟通技巧，而有时候它又是下意识的行为。据学者统计，高达93%的沟通是非语言的，其中55%的信息是通过面部表情、形体姿态和手势传递的，38%的信息是通过音调传递的。因而可以断言，与有声语言相比，身体语言的真实性要强得多，特别是在情感的表达、态度的显示、气质的表现等方面，身体语言更能显示出它所独有的特性和作用。例如，我国《三国演义》中脍炙人口的故事"空城计"，正是由于诸葛亮运用了非语言沟通，从而达到克敌制胜的目的，真可谓"眉来眼去传情意，举手投足皆语言"。巧妙地运用语言与非语言两种信息，不仅可以使人们绘声绘色地进行讲述，也可以使人们通过丰富多样的表情、姿态、动作获得形象的感受。同时，准确、优美的身体语言还可以体现管理者的文化修养，增加对沟通对象的吸引力。

二、非语言沟通的功能

非语言信息复杂、深刻并且独具特点，在多数情况下，它是在语言沟通的情境中与语言相互交织、共同产生作用的。这些非语言信息都有着丰富的含义，在不同的场合下也有着不同的功能。

（1）重复语言。人们使用自己的语言沟通时，经常附带相应的表情和其他非语言沟通符号，并使用这些非语言沟通符号来重复语言所要表达的意思，以加深印象。例如，我们会伸出手指重复口中的数量；当我们说"不""是""再见"的时候，又会分别做出摇头、点头、摆手的动作。

（2）否定语言。在语言和非语言信息出现矛盾的时候，非语言信息往往更能让人信服。例如，当某人在争吵中处于劣势时说道："我怕他？笑话！"事实上，从说话者颤抖的嘴唇不难看出，他的确感到恐惧和害怕。一个人在听到招聘单位未能录取自己的消息后，尽管嘴上说"没有什么"，但是从其咬紧的嘴唇、锁住的眉头和失望的目光中，可以看出他说的话并非真话，其内心深处是很在乎这份工作的。

（3）替代语言。非语言信息可以代替语言信息，有效地传递许多用语言不能传递的信息，而且作为一种特定的形象语言，它可以产生语言沟通不能达到的交际效果。在日常工作中，我们也都在自觉或不自觉地使用非语言沟通来进行信息的传递和交流，既省去不少口舌，又能达到"只可意会，不可言传"的效果。例如，当同事走出办公室，显出一副伤脑筋的样子，不用说，他与上司的见面很糟糕，即使他没有说话，我们也可以从其面部表情中看出来。

（4）补充强化语言。非语言符号作为语言沟通的辅助工具，即"伴随语言"，使语言表达得更准确、有力、生动、具体。例如，一位经理敲击桌子或者拍一下同事的肩，或通过提高嗓音、加大音量、放慢语速等形式来强调有关信息的重要性；或谈到某个方向时，伴随着手指的指示，以加深印象。

（5）调整和控制语言。目光接触、身体位置、触摸行为等非语言信息可以用来表达交流沟通中不同阶段的意向，传递自己的意向变化，调整和控制语言交流的过程。例如，当对方欲言又止时，可以用目光给予其鼓励；当对方有些不愉快时，微笑以及调侃的语调能使气氛有所缓和；当谈判陷入僵局时，在房间里来回踱步将为下一个回合的胜利赢得良机。

任务实施

1. 游戏规则与程序

（1）将学生分为2人一组，让他们进行2~3分钟的交流，交流的内容不限。

(2) 当大家停下以后，请同学们说一下对方有什么非语言表现，如有人老爱眨眼，有人会不时地撩一下自己的头发。也请这些做出无意识动作的人谈谈他们自己是否注意到了这些行为。

(3) 让大家继续讨论2~3分钟，但这次注意不要有任何身体语言，看看与上次有什么不同。

2. 相关讨论

(1) 在第一次交谈中，有多少人注意到了自己的身体语言？

(2) 对方有没有什么动作或表情让你觉得极不舒服？

(3) 当你不能使用非语言信息的时候，有什么样的感觉？是否会觉得很不舒服？

3. 总结

(1) 人与人之间的交流包括两个方面：一方面是语言的，另一方面是非语言的。这两个方面互为补充，缺一不可。有时候非语言传达的信息比语言还要精确。

(2) 在日常的生活及工作中，为了让别人对你有一个更好的印象，一定要注意戒除自己那些不招人喜欢的动作或表情，注意用一些良好的手势、表情帮助你交流。

子任务2　对身体语言的解读

任务要求

人们并不总是会把脑子里的每件事情都说出来，一些人可能会有意地保守秘密，却通过身体语言表现了出来，别人可能相信他们口头的话，却对他们的身体语言心存疑虑，因为身体语言能反映人的潜意识。因此，我们应该以正确的解读方式去理解别人的身体语言，从而使我们能够调整输出信息的方式，使沟通过程变得更加成功。

知识准备

对身体语言进行解读，主要可以运用以下方法。

一、结合上下文进行甄别

身体语言和其他语言一样，也有单词、句子和标点。一个动作就像一个独立的单词，一个单词在不同的句子中可以有不同的意思，只有把单词放在一个具体的句子里，才能理解它所要表达的意思。同理，如果将每个身体语言分离开来，在忽视其他相联系的表情、动作以及大环境的情况下，孤立、片面地解读他人的身体语言，往往会无法找到其真实含义。

二、注意情境和社会文化背景的不同

同样的动作在不同的情境里可能有不同的含义,如一个双臂交叉、下巴低垂的姿态,假如是在冬天的车站,那么这个人很可能是感到寒冷;但是如果他在商场里面对推销员采取这个姿态,那么他可能表现出的是否定的防御态度。

国家的不同和民族文化习俗的不同也会造成动作语言的歧义。例如,"V"形手势是第二次世界大战期间时任英国首相丘吉尔带动起来的,现在它已经风行世界各地,但是如果手心向内,在澳大利亚、新西兰、英国等地,则有侮辱人的意思;伸出手臂、掌心向下挥动,在中国是招呼人过来,但在美国则认为是叫狗的意思;中国人用来表示"零"的手势,美国人会认为是"OK""不错",在日本是指钱,在巴西却有指责作风不正派之意。

三、留意一串动作

人的身体动作往往是以一串或一组形式做出的,这时我们就要综合观察信号,从一系列的身体语言中找到恰当的解释。仍然以双臂交叉为例,如果伴随着用双手抚摸上臂,并且有跺脚、耸肩的动作,那么这一定是对冷的反应;但是如果在双臂交叉的同时伴随着扭脸、摇头、转身、脚底板打节拍等动作,那么他应该是不同意对方的意见。

四、留心消极信号

一个人的身体语言能够向我们发出警告信号,告诉我们在交流中可能出现了一些问题。消极的身体语言信号包括:①远离你或抚摸颈部;②快速点头,有限的目光接触;③身体背对你堵着耳朵,或摩擦耳朵;④握紧拳头,表情烦躁;⑤脚底板打节拍,捂着鼻子;⑥看看天空,捂着嘴巴;⑦来回踱步,急促呼气;⑧心不在焉,轻扣手指;⑨跷着二郎腿,双脚晃来晃去,双手抱头;⑩眼神空洞,深呼吸;⑪玩弄铅笔;⑫呼吸急促,嘴里念念有词;⑬双手紧握或双手绞动;⑭以敌对的姿势指指点点;⑮用手梳理头发;⑯踢着地面或假想的物体;⑰脚放在桌子上,双手垫在脑后;⑱后背僵硬,拇指扣在口袋里;⑲手放在外衣的翻领上,斜靠在门框或车旁。

如果你发现对方有上面所列出的任何消极的身体语言,无论是单独的还是成串的,你都应当留心检查在与其相处时你的言行是否有不当的地方,如果有的话,你应当思考如何从不同的角度解释这些事情,才能使对方理解你的观点,在交流中降低消极的影响。

五、注意积极信号

就像身体语言能够使我们留心问题的发生一样,身体语言也能预示我们的成功。积极的身体语言信号包括:①思索式的点头,放松的姿势;②身体朝向你,张开双臂;③抚摸下巴;④充分理解的附和声,开放的身体姿势;⑤目光频繁接触;⑥并排坐,双手放开;⑦坐在椅子的边缘,上衣敞开;⑧微微抬头,身体倾向你;⑨靠近你;⑩用手支着头,头向上仰;⑪双手托着下巴,目光透过眼镜向上看;⑫摘下眼镜擦拭,口含铅笔或眼镜架;⑬用手蹭鼻子。

任务实施

1. 游戏规则与程序

将学生分组,2人一组,互相进行自我介绍,但整个介绍过程中不可以说话,必须完全用动作来完成,可以通过标志、手势、目光、表情等非语言的手段进行沟通。

通过非语言的方式介绍完毕后,请大家口头确认一下刚才通过非语言信息沟通时对对方的了解,与对方希望表达的内容进行对照。

2. 相关讨论

(1) 你用非语言信息介绍自己时,表达是否准确?

(2) 你读懂了多少对方用非语言信息表达的内容?

3. 总结

我们应该以正确的解读方式去理解别人的身体语言,从而使我们能够调整输出信息的方式,使沟通过程变得更加成功。

子任务3 非语言信息的控制和运用

情境导入

据报载,某市一家企业在招聘业务人员时,采取了饭桌上选人才的办法:请初试入围者聚餐,以决高低。结果,饭后有3人被淘汰。主考官的理由是:A先生吃东西的声音太响,令人不舒服;B女士将菜里的骨头都吐到桌下,太不注意细节;C先生在菜上来之后表现得迫不及待,有失涵养。

从此例可以看出,非言语信息有时对一个人的成败具有决定性的作用,因为人在无意间流露的东西能够更真实地反映他的内心和素养,所以我们应该时刻注意自身非语言信息的发出和运用。

🞔 任务要求

通过学习能在沟通中熟练运用非语言信息。

🞔 知识准备

一、控制自身的非语言信息

1. 控制自身的非语言信息的必要性

人们在进行交际的时候并不仅仅单纯动嘴，相应的面部表情和体态动作，会自觉或不自觉地表露或掩饰人们内在真实的思想和感情，不间断地传递出彼此所需要的信息。由于非语言信息是形象化的交际手段，达意直观，在信息传递方面，有时候它比言谈话语更加生动、便捷，如服务行业的微笑服务，竞技场上裁判判罚的手势，演出现场常见的掌声鼓励等。此外，在特定的环境下，非语言信息也是协调人际关系的重要外在形式。例如，社交礼仪中对如何行握手礼有着明确的要求，任何与社交礼仪相悖的交际行为都有可能触动人际关系这根敏感的神经。

除了交流思想、感情信息，非语言信息还反映了人们的审美情趣。人们在交际中不仅要求内在的人格美，还追求仪容、服饰、形体、姿态的外在美，即所谓举止不俗，风度翩翩。有时候，交际活动的进行仅仅是因为个人独具魅力，对对方产生了强烈的吸引力。正因为这样，近几年来形象设计、重新"包装"、仪容修饰才如此流行，并受到了社会普遍的重视。

2. 控制自身的非语言信息的方法

（1）注意自己坐或站的位置以及对私人空间的使用方式。其主要包括以下内容。

直接坐在或站在某人的对面，或他们位置的上方，会让人产生一种下意识的对抗的感觉，这会使交流双方进入敌对状态，而我们大多数人会自动坐在或站在我们想与之合作的人的旁边。要营造一种开放、合作的沟通氛围，以直角的形式坐或站要比面对面更好，这会发出一种合作的信号，使双方都有凝视的空间。在解决问题的讨论中，或者在比较紧张的沟通情形中，可以把角度再拉开一些，并排坐，这种表面的、象征性的位置将使人们"站在同一立场"，能够有效缓解沟通的气氛。

沟通时的"高度"，体现了尊贵与权威。想想法庭审判的座位布局、国王的宝座、获得奖牌者的站位，我们"仰视"那些我们尊重和钦佩的人，我们把他们置于更高的位置。在面对他人时，一个人站得或坐得过高会被认为是不友好的，所以假如你的位置高于平均水平，就要注意自己的高度不要威胁到别人，应适当调整位置，使他们不必仰脖子来看你。

要注意对私人空间的使用。我们每个人周围都有一个无形的空间带,这个空间带谨防任何人闯入,人们对于自己的私人空间是很敏感的。

下面这三种方式会侵犯他人的私人空间:①进入他人的私人空间;②我们的物品进入他人的私人空间(咖啡杯、纸张、书、手提袋、公文包);③使用他人的设备、物品或空间,就像是我们自己的一样。

当面对不同的人时,私人空间的范围也会有所不同:①与亲近的朋友或家人之间的私人空间在45厘米以内;②与朋友或亲近的同事之间的私人空间在45~80厘米;③与同事或熟人之间的私人空间在60~120厘米;④与陌生人之间的私人空间大约在150厘米(这取决于你与他们友好的程度)。

(2)开放的身体姿态。要避免下巴低垂、脸扭向一边、交叉双臂和双腿等"闭锁"的动作,因为这些动作传递的意义是拒绝、防御、自我保护甚至恐惧,这将影响沟通的进行。因此,我们应该保持开放的身体姿态,即直立、放松、打开、平视。这些动作所传递的信息是思想、头脑和态度的开放,与"开放"的人沟通比与一个"闭锁"的人沟通要容易得多,人们当然更信任也更愿意与一个开放的人进行交流。

(3)身体的适度倾斜。当倾听时,我们可以通过向说话人倾斜的程度来表示我们所关心的程度。假如我们倾斜的角度在75°以上,我们所表示的态度就会变为"压力",它可能的意思是"我不相信你""你最好讲清楚"或"你最好同意",而且它侵犯了对方的私人空间。而适度的倾斜可以促进交谈的展开并且挖掘更多有用的信息,但如果运用不当,它也可能成为一种威吓、压制甚至造成敌意。相对地,如果你要减轻压力,也就是说,当有人看上去紧张、易冲动,或者谈一些较困难的个别事务时,你可以通过明显的向后倾斜来减少一些他们所能感到的压力,但是要有一个界限,因为向后倾斜得太多就会给人留下完全不感兴趣的印象。

(4)目光与他人的接触。目光接触是非常重要的,用你的目光与他人接触,可以消除他人的不安并减少其压力。在和他人交流的过程中,目光接触太少会使我们变成不感兴趣的听众或者没有信任感的发言者;而目光接触太多,又会让人感到压力。对讲话者来说,目光接触的正常尺度是"我正在对你们说事实,你们应当相信我所说的",它也能帮助听众集中精力。对听众来说,目光接触的正常尺度是"我对你所说的感兴趣,你一定要说,而我正在听你说",其表现出听众正在听,因而也帮助了讲话者。

(5)在交流时放松与保持平衡。在交谈中有些人有轻微抖动或用手指转动铅笔的习惯,这会给人一种紧张或不安的印象,还有一些人坐或站的姿势倾斜,有的是头部倾斜,有的是身躯倾斜,这些习惯他们自己并无感觉,但影响了其他人甚至妨碍了交流,传递给其他人的信息是"我不感兴趣""我厌烦了""我紧张不安"或"我很慌乱",其内心的混乱或者激动的情绪能够通过轻微抖动、转动或倾斜这些小动作被别人发现。这些可能只是习惯,但也是一种精神涣散的表现。因此,在交流时应放松与保持平衡。放松与保持平衡并不意味着松散与僵硬,其更有助于交流。

在我们的经历中,我们大多数人都或多或少做过"不太恰当"的事,我们也许不能在一夜之间改变习惯,要把事情做好,要改变习惯,需要相当的毅力,然而,交流对我们来说越重要,传递我们身体语言的良好习惯也就显得越重要。

二、运用非语言信息与客户建立和谐的关系

当你和某人亲密相处时,你会感觉你们之间是那么一致、那么和谐,对事物有着相同的看法,这会创造一种亲密和团结的气氛,有助于建立友情,培育合作和团队精神,并且有利于目标的实现。

和谐是指我们在有意或无意中所做的事情,表现出我们之间的融洽关系。人们并非有意识地发现他们之间是否和谐,这种发现是潜意识的,每个人会在潜意识中认为"这个人在很多方面与我相似",因此他们会感觉彼此很相配,从而进一步加强了彼此和谐的程度。当两个人或一组人和睦相处时,你会发现他们之间身体语言的运用是非常频繁的,而且一个人的身体语言是其他人身体语言的反应。例如,他们的坐姿非常相似,以同样的角度靠在座椅上,以同样的姿势盘绕双腿。他们的举动也非常一致。例如,当一个人起身时,另一个人会随着站起;当一人去拿饮料时,另一个人也会随之而去;他们会以同样的节奏摆动双腿,而不需要跟着音乐的韵律。如果你再仔细地观察,你会发现更加细微的事情。例如,他们以同样的节奏呼气、吸气,他们以同样的音量、音调和间隔说话,如果你能听到他们的谈话,你还会发现他们以相同的强度、相同的手势去表现事物,通过与他人的"一致"建立和谐关系。我们选择与自己喜欢的人在一起,天长日久和谐关系就自然而然地产生了,我们相信和信任他们,我们喜欢和他们在一起,并很容易与之沟通。

我们也可以有意地与他人在言谈举止上保持一致,在沟通中建立一条更顺畅的纽带,建立一种合作的、诚恳的关系。

我们的目的并不是要模仿一个人的每一个动作或每一种坐姿,融洽的关系是靠我们在与人相处时所做的事情建立起来的。假如你的身体语言与某人一致,关键是这些身体语言不是你有意模仿的,这一点非常重要,不要让人们觉得你在模仿他们,那样的话会造成敌对情绪,使我们要建立的融洽关系化为泡影。如果你真诚地想要建立融洽的关系,改进你与他人的交流,并且表示你对他人的尊敬,可以言行谨慎、和缓地运用"一致"技巧,只有当你感到你们之间确实建立起融洽的关系时,你才能获得正确的答案。

任务实施

1. 自我检查

请你自我检查一下，是否有以下一些坏习惯。

(1) 蓬头垢面，衣冠不整。

(2) 在公开场合挖鼻孔、掏耳朵、剪指甲、涂口红。

(3) 讲话时，嘴里吃着零食。

(4) 身体散发出异味。

(5) 双臂交叉，斜眼看人。

(6) 跷着二郎腿，斜靠椅背伸懒腰、打哈欠。

2. 相关讨论

(1) 以上的这些坏习惯，你有多少呢？

(2) 如果看到与你沟通的人有这些坏习惯，你会有什么感觉呢？

3. 总结

非语言信息的控制和运用往往在人际交往中起到非常重要的作用，有利于沟通的有效达成。

子任务 4 微笑的运用

任务要求

在非语言沟通中，微笑是一种很常见而且很有效的沟通方式，微笑对他人有着一种心理学上所说的"移情"的效用。微笑的作用是巨大的、多方面的，对每个人来说又是均等的，把它运用到日常工作中，就会给我们带来意想不到的成功。

知识准备

一、微笑的意义

(1) 微笑是自信的象征。有的人即使在遇到严重困难时，也仍然能够微笑，好像若无其事。这种微笑充满着自信和力量，有一种超凡的魔力。它像阳光一样，可以驱散阴云，令沮丧、阴郁、恐惧、苦恼等种种情绪一扫而光，有利于困难的解决。

(2) 微笑是礼貌的表示。一个懂礼貌的人，微笑之花会永远绽放在他的脸上，使接触到他的人感到亲切、愉快。

(3) 微笑是和睦相处的反映。善于交际的人在人际交往中的第一个行动就是面带微笑，一个友好、真诚的微笑会传递给他人许多信息。在现实生活中，如果人人脸上都带着微笑，就会使置身其中的人感到融洽、平和。微笑好像有一种磁力，能够使人们的心灵相通、相近、相亲。

(4) 微笑是心理健康的标志。真诚的微笑能让对方感到轻松、愉快、可信。能发出真诚微笑的人，总是乐意帮助别人，愿意分担他人的忧伤，减轻他人的痛苦，也愿与他人共享快乐，这种共享快乐、同分忧伤的感觉，是心理健康的一个重要标志。

(5) 微笑意味着拥有高雅气质和成熟人格。善于微笑的人，通常是快乐的且有安全感的人，他们也常能使别人感到愉快，这是性格成熟的表现。微笑能净化情绪气氛，消除郁积的紧张和压力，使人们的生活得到鼓舞、欢悦，情趣盎然。

二、怎样发自内心地微笑

(1) 树立积极的人生态度。当我们以积极的态度去面对生活时，就会对所有的新事物保持开放与接纳，当我们努力多做有益的事情时，我们也会感到充实，并且能够从自身思想和实践的不断进步中感到快乐。

(2) 要有宽阔的胸怀。当一个人过于以自我为中心的时候，他总是以挑剔的眼光对待周围的人和事，一旦外界与自身意愿相违背，就会怨天尤人。如此心态，当然不会有真诚的微笑。如果我们能够以宽阔的胸怀去善待他人和世间的所有事物，就会看到充满幸福、亲切、希望的美好事物，自然就会从内心发出由衷的微笑。

(3) 能够接受批评。如果在工作中做错事情，没有必要因此气馁，也不用找借口，因为这样并不能改变现实，而应力求下一次把事情做好。为此，我们应该接受别人善意的批评，把它看成是一种激励的力量。

任务实施

1. 游戏规则与程序

(1) 让同学们站成两排，两两相对。

(2) 各排派出一名代表，分别站于队伍的前端。

(3) 相互鞠躬，身体要弯腰成90°，高喊"你好"。

(4) 向前走交会于队伍中央，再相互鞠躬高喊一次。

(5) 鞠躬者与其余成员均不可笑，笑出声者即被对方俘虏，需排至对方队伍最后位置。

(6) 依次派出代表人选。

2. 相关讨论

(1) 这个游戏给你最大的感受是什么？做完这个游戏之后，你有没有觉得心情格外舒畅?

(2) 本游戏给你的日常生活与工作以什么启示?

3. 总结

人们常说,当你面对生活的时候,你实际上是在面对一面镜子,你笑,生活就笑,你哭,生活也哭。所谓己所不欲勿施于人,面对别人的时候也是这个道理,要想获得别人的笑容,你首先要绽放自己的笑容。

任务3 交谈的感染力

情境导入

某小学组织学生参与体验记者生活的社会实践,让学生穿上记者的衣服,每人从报社的记者老师手中领取10份报纸,到市中心路段进行爱心义卖。以下日志记录了其中一名同学的卖报经历:到底谁会买我的报纸呢?我看到迎面走来了一位戴着眼镜的年轻叔叔,就鼓起勇气上前问道:"叔叔,你能买份报纸吗?""行!"没想到第一份很顺利地售出了。然而随后几位叔叔阿姨都拒绝了我。我看到一对叔叔、阿姨带着一个小弟弟正在等公交车,如果把"卖报纸、献爱心"这个意思讲出来,他们买的可能性就会更大一些,于是我开始试着调整沟通技巧。"叔叔,我是《现代快报》的小记者,我们在开展献爱心义卖活动,所有款项都将捐给灾区小朋友,请你买一份报纸吧!""好的,多少钱一份?""就看您的爱心了!"叔叔给了我4元钱,"小姑娘,你真能干!""谢谢叔叔!"此次义卖报纸活动,让我学会了与人沟通的技巧,同时深刻品尝了被拒绝的滋味,最重要的是让我学会了去尊重别人、奉献爱心!

以上案例告诉我们,人与人之间的交往总有一个由生变熟的过程,夫妻、同学、同事、邻居,一开始也都是陌生人,与陌生人交谈是人际交往的起点,也是我们在人生旅途中不可或缺的内容。有的人和比较熟悉的人在一起,开朗大方,谈笑风生,一见到陌生人,就一下子变得木讷胆怯、无所适从;有的人会因为交谈的方式出现问题而导致麻烦。因此,交谈亦包含许多技巧。

任务要求

会交谈是一种才能,也是一种财富。我们应当掌握交谈过程中的各项技巧,以使得整个交谈过程更加轻松、自如,更好地达到预期的交谈效果,并帮助我们更好地进行社交活动与人际沟通。

子任务1 交谈的启动

任务要求

掌握交谈初期的技巧,营造良好的交谈氛围,有助于我们展开进一步的交谈,获取我们需要的信息。

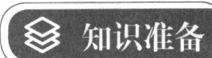知识准备

一、选择合适的开场白话题

不少人觉得，自己面对陌生人时，总是不知道该说些什么，所以沟通从一开始就陷入了冷场或中断。其实，要说好开场白并没有那么困难，只要能摸准其中的窍门，用心观察，选择合适的开场白话题，不仅可以让我们有话可说，同时也能为交谈创造轻松愉悦的环境。

（1）谈论天气。"今天天气很不错""明天可能有大雨"此类话题我们经常会听到，其实这就是一个很好的开场白，因为绝大多数的人都非常关注天气，不要觉得此类开场白很平淡，其实它很有效。天气好时，你不妨赞美一下，天气不好时，你不妨说一下苦恼，这些都是很应景的话题，陌生人也会愿意和你交流。

（2）谈论健康。不管什么时候，每个人都非常关注自己的身体健康状况，如果你能从这个方面展开话题，势必可以吸引对方的注意。这方面的话题也很广，比如说如何能不吃药就治好感冒，颈椎疼时怎么办，哪些药吃了对身体不好，怎样可以有效减肥等，这一类的话题都可以吸引对方的注意。如果对方身体有疾病或者是亲朋好友有此类疾病，而你说的又正好是他关心的，那这样的开场白就更成功了。

（3）最近发生的大新闻。一般大新闻都是具有轰动效应的，容易引起人们的关注，你谈论这样的话题，很容易引起对方的兴趣，如果你还对这些大新闻有着更为详细的了解或者独到的意见和看法，那你就足以吸引住沟通对象了。

（4）家庭问题。如果对方是已经成家的人，你也可以选择谈论家庭方面的话题，如子女教育、夫妻相处、家庭美化等各方面的话题。

此外，还有很多可以作为开场白的话题，如运动与娱乐、政治与宗教等。开场白十分重要，它就如同一本书的名字，只有恰当、新颖、引人深思，才能够引起陌生人的兴趣，使其产生一种想和你沟通的欲望。

二、给对方留下好的印象

成功的交谈有时并不取决于我们说了什么，而取决于我们是否赢得了对方的好感，所以我们在开始交谈的时候，不能只考虑说什么，还要考虑如何给对方留下好的印象，使谈话得以顺利进行。例如，发型整洁、衣着得体，时常保持微笑，语气温和而不失坚定，声调适中，以赞美作为敲门砖等，这些都是给对方留下良好印象所必不可少的基本要素。

三、找出与对方的"共同点",引发对方交谈的兴趣

我曾听朋友讲过这样一个真实的故事:不久前出差住在一家旅店,一个先我而住的人已悠闲地躺在床上欣赏电视节目,一个后我而住的人放下旅行包,冲了一杯浓茶,边品茶边与那位先我而来者攀谈起来,"师傅来了好久了?""比这位客人先来一刻。"先我而来者边指着正在看书的我边说,"听口音不是苏北人啊?""噢,山东枣庄人。""啊,枣庄好地方啊,我在读小学时就在《铁道游击队》连环画上知道了,三年前去了一趟枣庄,还颇有兴致地玩了一遭呢。"听了这话,那位枣庄的客人马上来了兴趣,二人从枣庄和铁道游击队谈开了,那亲热劲儿,不知底细的人恐怕要以为他们是一道来的呢。接着就是互赠名片,一起进餐,睡觉前双方居然还在各自带来的合同上签了字:枣庄客人定了苏南客人造革厂的一批风桶;苏南客人从枣庄客人那里弄到一批价格比较合理的议价煤。他们的认识、交谈与合作,就在于他们找到了"枣庄""铁道游击队"这些共同点。

任何人都有"求同"心理,往往会不知不觉地因同族或同伴意识而亲密地连接在一起,凡是具有共同点的东西,都容易成为交谈对象,如共同的兴趣、共同的经历、共同的工作、相近的行业、同乡、同学、同样的性格、同样的衣着等。只要你善于观察、耳听口问、判断猜测,或多或少都能找出与对方拥有的某种"共同点",即使是初次见面,也会在无形中让对方产生亲切感,一旦心理上的距离缩小了,双方便很容易推心置腹了。

四、捕捉有价值的细节

在交谈的过程中,对方不可能有意识地向我们介绍个人的基本情况,我们只有察言观色,从对方的只言片语中做出一个初步的判断。例如,某人谈到他刚刚换了新工作,离开了曾经工作多年的单位,如果他在谈起这件事时对原单位没有丝毫留恋,我们就可以初步断定:他与原单位之间可能发生过不愉快。在接下来的交谈中,我们就不宜询问有关调离的原因。总之,我们在交谈的初始阶段,应特别注意要做个有心人,注意捕捉有价值的细节,避免触犯他人的忌讳。

五、确立谈话的基调

在谈话的初期,我们应该为自己设定一个谈话的基调,即以何种身份、态度以及方式来与对方交谈,面对不同的对象和不同的交谈内容,我们应该有不同的选择和表现。例如,两个同事在工作中发生了争吵,你作为管理者分别找他们谈话,既可以以解决问

题的管理者身份出现，也可以以一个朋友的口吻进行善意的调停和劝解。不同的交谈口吻和方式不仅会影响整个交谈的质量和深度，也会影响交谈的结果。

任务实施

考察同学启动对话的能力和技巧

1. 游戏规则与程序

将同学分组，2人一组，假装陌生人，设置情境，如问路、在宴会中遇到陌生人、第一次与新朋友见面等，需要有一位同学主动去与另外一位同学交谈，他们的交谈话题需要持续三分钟，以考察同学们启动对话的能力和技巧。

2. 相关讨论

交谈结束后，分组讨论启动对话以及对话过程中的优缺点，分析哪些类型的提问能使话题得以保持。

3. 总结

会话的启动是整个会话能够得以继续的关键部分，只有在会话开始时就奠定良好的气氛基础、话题基础，才能使之后的对话在良好的状态下持续，实现有效沟通。

子任务2　在交谈过程中进退自如、游刃有余的技巧

任务要求

掌握交谈中的各类技巧，在整个交谈过程中游刃有余，达到更好的沟通效果。

知识准备

一、交谈中的技巧

（1）注意倾听，察言观色。交谈时，注意倾听对方的话语，最好能听出言外之意。因为许多场合，对方出于礼貌或者某种需要，会十分婉转地表达自己的意见。这时，就需要我们敏锐地听出他的弦外之音，同时要观察对方的面部表情、手势动作等，这些无声的语言更能够透露对方的意图。

（2）因势利导，驾驭谈话。谈话时要注意应答，若同意对方的观点，可以简短地说"对""是的"；提出反对意见时要婉转，可以说"这固然很好，如果那样，说不定会更好"，这种先褒后贬的方法，使对方在感情上比较容易接受。若对方偏离了主题，你可以

不动声色地把他引导回来。

（3）调整气氛，进退自如。谈话时，说几句恰到好处的幽默话，有百利而无一弊。在朋友相聚聊天时，这会显得你为人风趣，易于交友；在商业洽谈中，这会显得你从容镇定，在心理上已占优势。在谈话出现僵局时，我们可以采取迂回战术，暂时避开这一话题，等气氛缓和以后，再旧话重提。

二、困难问题的回答

（1）回避策略。对于不好回答的问题，采取回避策略是很聪明的办法，但是我们要回避得巧妙，不能显出词穷才竭。

例如，有一年，北京举办了一次人体画展，其中有一些裸体画，一位记者对此采访了一位年轻女画家。记者问她对人体模特儿这种职业有什么看法，女画家做了肯定的回答，紧接着记者提了一个刁钻的问题："假如让你当人体模特儿，你愿意吗？"画家答道："这是我的私事，我没有必要回答。"这里采用的就是回避策略。

（2）转移话题策略。对于不好回答或不愿意回答的问题，我们可以采取转移话题策略。

例如，在一次记者招待会上，一名记者问时任奥委会主席萨马兰奇："几个竞争举办2000年奥运会的城市中，您会投谁的票？"萨马兰奇说："自我当主席的那一天起，我就不参加投票了。"记者问话中的"投票"，实际含义是"赞成""支持""倾向"，而萨马兰奇巧妙地将"投票"的含义转移到它本身的意义上去，这样正好借不参加投票的规则作答，避免了表态。

（3）模糊应答术。一般情况下，回答应当清晰明确，但遇到刁难、别有用心、需要保密或者无从回答的情况，我们便可采用模糊应答术。

例如，第十一届亚运会开幕后的前几天，中国、日本、韩国等几支劲旅为了争夺金牌激战正酣。日本队突然决定，对得金牌的运动员升级奖励，奖品是一只熊猫纪念品。这时记者前去采访："请问，你们一共准备了多少只熊猫？"这一发问很刁钻，有探听日本队对自己实力估计的含义在里面，这在当时既是秘密又是难以预料的事情。说出自己的估计吧，不好，拒绝回答也不礼貌。日本领队采用了模糊应答术："与可能拿到的金牌总数一样。"

（4）自我解嘲。对于诘难、嘲笑等，若非恶意，不妨自我解嘲，这样不但能使应答睿智幽默，而且显得富于修养。

例如，在一次宴会上，鲁迅的侄子问鲁迅的鼻子为什么那么瘪，鲁迅随即答道："在外面经常碰壁碰的。"这句自嘲，既解了宴会上的尴尬气氛，又深含哲理，透出智慧的光芒。

三、电话服务礼仪

（1）电话应答的礼仪。客户服务人员从接听电话后的第一声问候起就要融入客户的世界，在交流过程中开始的几秒钟是至关重要的，客户服务人员的问候是对客户的欢迎，同时也给电话应答定了基调。

客户服务人员应于三声铃声内接听电话，使用礼貌用语并报上自己的名字，比如说："早上/中午/晚上好，××公司，我是×××，请问有什么可以帮您？"

主动询问客户称呼，比如说："先生/小姐，请问您贵姓？"

礼貌称呼客户并积极应答客户的相关问题，比如说："××先生/小姐，您好，关于……"

如未正确领会客户意图需主动与其确认，比如说："××先生/小姐，您好，您是说（您的意思是）……"

（2）电话等待的礼仪。让客户等待时，客户服务人员需要告诉客户"为什么"，同时使用"询问"语句征得客户同意，给予客户一个等待时限，比如说："××先生/小姐，就您所提的这个问题我要查询相关具体资料，请您稍等一分钟好吗？"在客户等待过程中，客户服务人员一定要时刻谨记对方在等待，并与其适当地谈论相关话题。

（3）电话转接的礼仪。电话转接时，客户服务人员需要向客户解释为什么电话需要转接，询问客户是否介意电话被转接，比如说："××先生/小姐，就您所提的这个问题我会转至对此方面比较了解的同事那里，由他给您做专业的解释，您看可以吗？"转接电话挂断之前需确定被转接电话处有人接听，被转接电话接听后需告知被转接人来电客户的姓名和来电的目的，被转接人接听电话后应感谢客户的等待，比如说："××先生/小姐，不好意思，让您久等了，就您所提到的……"

（4）结束电话的礼仪。如果是要一次性电话解决的客户问题，客户服务人员应依据客户需求完整准确地表达出产品信息，对客户提出的相应请求给予正确回复，并主动询问客户是否还有其他问题需要帮助，比如说："××先生/小姐，请问您还有其他的问题吗？"最后要感谢客户来电，欢迎客户随时致电本公司，比如说："××先生/小姐，感谢您的来电，欢迎您随时来电。"

如果是需要再跟踪联系才能给予答复的客户问题，客户服务人员首先要向客户致歉并告知客户回复时间，比如说："××先生/小姐，不好意思，麻烦您耐心等待一下，三个工作日后我们会给您答复的。"同时应感谢客户的来电，比如说："××先生/小姐，感谢您的来电。"结束电话时要让客户先挂断电话，并在系统中详细、准确地记录下谈话内容、客户特殊需求及进一步要求。

任务实施

1. 游戏规则与程序

将学生分组，2人一组，A同学代表八卦杂志的记者，B同学代表被采访的明星，A同学可以问B同学任何问题，B同学必须说真话，也可以不回答，时间为3分钟，3分钟后角色互换。

2. 总结

（1）我们将谈话的内容分为四个层次，第一层的谈话是对客观环境的交谈，如谈天气、谈股市，因此比较容易交谈；第二层就是一些谈话者自身的话题，如你的家庭状况如何，你是哪里人等；第三层就更深一层，会涉及个人隐私部分等比较敏感的话题，如对金钱的态度、个人能力的判断等；第四层则是个人内心的真实世界，如道德观、价值观等。不同层次的话题适合不同的场合和谈话对象，层次越多，双方的沟通和相互信任越能体现出来，这就要求我们必须掌握交谈中的技巧，才能使整个交谈游刃有余。回答的人也要掌握回答问题的技巧，面对困难问题，应学会如何轻松应对。

（2）无论是在工作中还是在生活中，沟通能力都很重要，要懂得循序渐进地将对方心理的保护屏障一层层剥掉，从而使对方达到内心的信任，促使交谈成功。

子任务3　使客户接受和信服你的沟通

任务要求

在工作及生活中，我们常常希望把自己的观点、想法、思路准确有效地传达给对方，并且需要对方能够接受我们的意见和建议，然后付诸实施，这个过程往往会有一定的难度，所以只有掌握说服技巧，遵循一定的规律，才能增强说服力，使客户接受和信服我们的沟通。

知识准备

一、什么是说服

拿破仑说："一支笔胜过两千支毛瑟枪。"[①] 毛主席也说过："枪杆子、笔杆子，这两点都很重要。枪是用来消灭敌人的，很重要；笔是用来说服朋友或把敌人说服成朋友的，

[①] 彭雪枫. 彭雪枫论抗日游击战争. 北京：解放军出版社，1987：311.

同样也很重要。"① 说服是改变或强化他人态度、观点或行为的过程。在各种关系中，要想获得成功，说服都是一项必不可少的技能。说服在诸多方面融合了艺术和科学，说它是一门艺术，是因为它需要建立信任的能力和良好的沟通技能；说它是一门科学，是因为它依赖严谨的信息收集和分析及对人类行为原理的透彻研究。

二、常见的六种说服类型

（1）攻击型。此类型的人有强烈的表现欲，喜欢以自我为中心，总希望站在别人前面，只要有超越自己的人，就立刻予以攻击，采取强硬的手段。

对策：说服时不要太勉强，有必要顾及其面子，而且事先要做好充分的准备，这一类型的人也有容易信任人的地方。

（2）冲动型。此类型的人容易冲动，也容易清醒，属于情绪不稳定的人。情绪好的时候，他们能发挥所长，然而有时候容易得意忘形，要使他们的情绪比较稳定是件不容易的事。

对策：说服时要选好时机，要诉诸感情，有时不妨使之勃然大怒，激发他们的干劲，但是要考虑周全，谨慎行之。

（3）忧虑型。此类型的人行动消极，不善言谈，紧急时使不出力量，只是一味地担忧，但他们原本是相当积极的，由于对自己期望值过高，所以只要与现实无法匹配的时候就容易意志消沉。

对策：说服时要注意暗中接受他们的想法，而且平日里应当尽量培养他们坦率、不受拘束地畅谈自己观点的能力。在他们行动不够积极的时候，不要冷落他们，尽量制造和谐的气氛，积极帮助他们，以获得他们的信任。

（4）固执型。此类型的人一言既出就很难改变，对事情过于认真，并且对已经决定的事情绝对遵守，头脑有些顽固，视野有时候较狭窄，不易相处。其个性沉稳不浮躁，有坚忍的意志，所以此类型的人若是能采纳别人的意见，则会积极配合，大有可为。

对策：说服时要把重点放在获得这种人的信任上，如果是漫不经心、马马虎虎的做事风格，很容易使其感到厌烦。

（5）冷静型。此类型的人喜欢冷静地思考，处理细节时一丝不苟，不爱搭理别人或关心别人，但工作能力强，是能完成指派任务的人。

对策：说服的重点是以很平常的口吻去劝说，采用亲切及客气的态度反而可能不得要领。此外，在说服过程中如果其无法接受、理解，切忌唠唠叨叨或带有情绪，这样可能会产生反面效果。

---

① 王淑娥. 说服的艺术. 党干部之友，2007（8）：19.

（6）敏感型。此类型的人待人亲切、和蔼，但表里不一，当你一旦对他们信赖有加时，他们却可能在重要关头逃避。当事情进行顺利时，他们会情绪高昂地哼着唱着，可一旦情况变得复杂，他们便有可能见机逃脱。他们凡事只看表面，不能深入，不能实事求是，不能负责。

对策：说服的要点在于减轻他们的负担并以此引导他们，多让他们想一些容易处理的事，不要给其施加太大的压力，这种人比较敏感，要给他们提供一个比较稳定的环境。

三、增强说服力的方法

（1）调节气氛，以退为进。在进行说服时，我们首先应该想方设法调节谈话的气氛。如果和颜悦色地用提问的方式代替命令，并给人以维护自尊和荣誉的机会，气氛就是友好、和谐的，说服也就容易成功；反之，在说服时不尊重他人，摆出一副盛气凌人的架势，那么说服多半是要失败的。

（2）"善意威胁"，以刚制刚。很多人都知道用"善意威胁"的方法可以增强说服力，所以会不时地加以运用。"善意威胁"会使对方产生恐惧感，从而达到说服的目的，但在具体运用时要注意，态度要友善，要讲清后果、说明道理，威胁程度也不能过分，否则会弄巧成拙。

（3）消除防范，以情感化。一般来说，在我们和要说服的对象较量时，彼此都会产生一种防范心理，尤其是在危急关头。这时候，要想使说服成功，就要消除对方的防范心理。从潜意识来说，防范心理的产生是一种自卫，消除防范心理最有效的方法就是反复给予对方暗示，表示自己是朋友而不是敌人，这种暗示可以通过嘘寒问暖、给予关心、表示愿给予帮助等来传递。

（4）投其所好，以心换心。站在对方的立场上分析问题，能给人一种为他着想的感觉，这种投其所好的技巧常常具有极强的说服力。要做到这一点，"知己知彼"十分重要，唯先知彼，而后方能从对方立场上考虑问题。

（5）寻求一致，以短补长。习惯于顽固拒绝他人说服的人，经常处于一种否定的心理状态之中，所以自然而然地会呈现僵硬的表情和姿势。如果一开始就提出问题，绝不会打破他的这种心理。因此，需要努力寻找与对方一致的地方，先让对方赞同我们远离主题的意见，从而使之对我们的话感兴趣，然后再想办法将他的注意力引入话题，最终求得对方的同意。

任务实施

1. 实践训练

当你遇到下面的场景，请思考应当如何说服对方。

(1) 你想采访一个公司的老板,老板说:"我很忙,没时间。"

(2) 当你面试时,因为你所在的学校名气比较小,面试官说:"我没听说过你的学校。"

(3) 假如你是一家小企业的经理,想和一家大企业的老板谈谈合作的问题,对方说:"我没空谈,你寄材料来吧。"

2. 总结

不同的回答,不同的说服方法,都会有不同的沟通结果。因此,要想成功说服对方,就必须掌握一定的说服技巧,才能提高说服成功的可能性。

子任务4　客户服务中的语言技巧

◈ 任务要求

作为坐席员,你所面对的是个性、心境、期望值各不相同的来电者,你既要有个性化的表达沟通,又必须掌握许多有共性的表达方式与技巧。

◈ 知识准备

一、适时感谢客户

在对话过程中,适时且恰当地对客户表示感谢,是一种礼貌的表现,有利于建立合作关系,营造和谐的对话气氛,尤其是当对话快结束的时候,对客户表示感谢他的倾听,或者非常抱歉占用他的时间等,能够在一个有效的沟通中营造一种融洽的氛围,起到锦上添花的作用。对客户适时地表示感谢,能让对方感受到极大的尊重,而尊重是双方对话最基本的礼仪。在一次与客户的沟通对话中,最终的结果有两种,服务(谈判、营销)成功或者失败,但无论是哪一种结果,对对方表示感谢,使用情感性的语言,都能给对方留下很好的印象。如果服务(谈判、营销)成功,则对话中礼貌、适合的情感性语言能够促成进一步的合作成功;如果服务(谈判、营销)失败,亦能给对方留下谦和的印象。

二、学会委婉说"不"

在客户服务或者商务谈判中,经常会出现坐席员无法满足客户提出的要求的情况,面对客户提出的超出坐席员工作权限以及公司规章制度的要求,坐席员要能够委婉拒绝,并使客户能够接受。要想委婉地拒绝客户，首先要注意及时性，在不能提供服务的情况下，应立即做出反应，不能拖沓，避免造成误会；其次在内容上要向对方解释为何不能按照客户的要求提供服务，在语气上要保持谦和，使用表达歉意的词汇和语句，如"深感歉疚""非常抱歉""望您见谅""请多包涵""请您原谅"等，让客户能切身感受到坐席员因不能提供服务的歉意；最后，如果可能的话，为对方提供另外一种解决方案。能够在实际的沟通中做到委婉地拒绝别人，不仅能提高服务的效率，也能构建和谐的沟通氛围。

三、选择积极用词进行沟通

在保持一个积极的态度时，沟通用语也应当尽量选择体现积极向上的词。例如，要感谢客户在电话中的等候，常用的说法是"很抱歉让您久等了"。这"抱歉久等"实际上在潜意识中强化了对方"久等"这个感觉，比较积极的表达可以是"非常感谢您的耐心等待"。又如，常用的说法是"问题是那个产品都卖完了"，比较积极的表达可以是"由于需求很高，我们暂时没货了"。

四、善用"我"代替"你"

在为客户服务的过程中，要合理地将服务语言中的"你"转化为"我"之后，再与客户进行沟通。例如，"你没有弄明白，这次听好了"可以说成"也许我说得不够清楚，请允许我再解释一遍"。又如，"如果你需要我的帮助，你必须……"可以说成"我愿意帮助您，但首先我需要……"。

五、维护企业形象

在为客户服务的过程中遇到客户对企业形象有负面评价的情况时，坐席员要能合理化解。如果有客户的电话转到你这里，抱怨他在前一个部门所受的待遇，为了表示对客户的理解，你应当说什么呢？适当的表达方式是"我完全理解您的苦衷"。如果客户的要求公司没法满足，你可以这样表达："对不起，我们暂时还没有解决方案。"要尽量避免很不客气地两手一摊："我没办法。"当你有可能替客户想一些办法时，与其说"我试试看吧"，不如更积极些，说"我一定尽力而为"。

六、常用的客户服务用语

（1）迎声语："您好，很高兴为您服务！"（电话接通5秒内必须应答）要求应答后能够说出完整的迎声语，如客户打断即可中断迎声语，要灵活应对。

（2）结束前用语："请问还有什么可以帮您？"

（3）结束语："感谢您的来电，再见。"

（4）通话全过程中应讲"十字"文明用语：您好、请、谢谢、对不起、再见。

（5）当客户表示感谢时讲："不客气，这是我们应该做的。"

（6）电话接通，对方无人应答（全过程不能低于7秒），坐席员可2秒后微笑重复："您好，请说！"如果仍听不到用户的回应，可告诉用户："感谢您的来电！但我听不到您的声音。请您稍后再拨，再见！"然后挂机。

（7）复述客户问题：2秒内及时复述客户查询内容，以确保查询的准确性（内容多的可以抓住重点复述），如"请问是……吗"或"……是吗"，如果没有听清，应用征询的语气向客户询问，如"请您再重复一遍好吗"，如需逐字核对，请主动组词询问。

（8）打断话术："请允许我打断您一下好吗？"

（9）未理解用户表述的含义："很抱歉，我没有听清楚，请您再重复一遍好吗？谢谢！"

（10）在线查询问题，需要请用户等待时应讲"请稍等"；等待时间超过20秒仍未查询到结果时应讲："您好！正在帮您查询，请您再稍等一会儿，谢谢！"

（11）若有问题需要离席询问时讲："请不要挂机，我帮您问一下好吗？"

（12）如用户在线等待结果，坐席员查询到结果回到线路时讲"感谢您的耐心等待"或"很抱歉，让您久等了"。

（13）解答过程中用户无任何回应时讲："您好，请问能听到吗？"

（14）当用户提出对公司的意见和建议时讲："（××先生/女士），您提供的宝贵意见，我们将尽快向有关部门反映，感谢您对我们的服务给予关注和支持。"

（15）投诉处理时讲"我很理解您的心情"或"请您不要着急，我们一定会尽快为您处理"。

任务实施

1. 游戏规则与程序

（1）将学员分组，2人一组，其中一组是A，扮演销售人员，另一组是B，扮演顾客。

（2）场景一：A现在要将公司的某件商品卖给B，而B则想方设法地挑出本商品的各种毛病，A的任务是一一回答B的这些问题，即便是一些吹毛求疵的问题也要让B满意，不能伤害B的感情。

（3）场景二：假设B已经将商品买了回去，但是商品现在有了一些小问题，需要进行售后服务，B讲一大堆对于商品的不满，A的任务仍然是帮B解决这些问题，提高B的满意度。

（4）交换一下角色，然后再做一遍。

2. 相关讨论

（1）对于A来说，B的无礼态度让你有什么感觉？在现实的工作中你会怎样对待这些顾客？

（2）对于B来说，A怎样才能让你觉得自己很受重视？如果在交谈的过程中，A使用了像"不""你错了"这样的负面词汇，你会有什么感觉？谈话还会成功吗？

3. 总结

在交流的过程中，语言的选择非常重要，同样的意思用不同的话说出来，意思是不一样的，要掌握客服中的语言技巧，如用一些积极的词汇，尽量避免使用一些否定的、消极的话语，这样才能让顾客心里觉得舒服，让顾客满意。

子任务5 用赞美来提升感染力

任务要求

掌握赞美的技巧，让整个沟通过程更加有效。

知识准备

一、赞美的意义

（1）赞美是温暖人类灵魂的阳光。心理学家的研究表明，人们最喜欢得到别人的赞美。通过别人的赞美，人们能感觉到别人对自己的认可和自身的价值，催生自信，不断地有所进步。赞美他人，仿佛用一支火把照亮他人的生活，也照亮自己的心田，有助于发扬被赞美者的美德和推动彼此友谊健康发展，还可以消除人际间的龃龉和怨恨。可以说，赞美是一种成本最低、回报最高的人际交往法宝。

（2）赞美能够沟通人们之间的感情和关系。在我们与人交谈的过程中，适度的赞美有助于对方向我们敞开心扉，使谈话能够向纵深发展。我们通过赞美，表达了对他人的关注，使对方感受到我们的真诚和善意，使对方由紧张、戒备到轻松、愉快，有助于消除人与人之间的隔阂，缩短人与人之间的距离，增加双方的亲近感，增进人际关系的和谐。

（3）赞美他人，亦可为自身留下闪光的烙印。当需要提高自己的赞扬意识和技巧时，我们就必须打开自己的眼睛和心灵，用心观察、主动去寻找他人身上的优点和长处。我们在发现的同时，亦会汲取和学习他人的优点和长处，使我们自己更加充实。

（4）赞美是一种生活态度。赞美是将自己积极、自信、宽容的态度给予他人，我们对他人的态度影响着他人的实际表现，我们自己的耕耘影响着我们在所处环境中的收获。赞美会提高我们在人群中的凝聚力和受欢迎的程度，当我们充分尊重他人并且给予其积极评价的同时，也会增加令他人更加尊重我们并且采取行动来回报我们的机会。赞美是对生活的欣赏，是以寻求美的眼光来看待人和世界，如果我们能主动去寻找世间的美好，主动去关心他人、尊重他人，我们的人生观就会得以改变，由悲观、消极到乐观、积极，希望之门终会向我们敞开。

二、寻找赞美点

学会寻找赞美点非常重要，只有找到对方贴切的、闪光的赞美点，才能使赞美显得真诚而不虚伪。我们可以通过以下要素寻找赞美点。

（1）硬件（外在的、具体的），如穿着打扮（衣服、领带、手表、眼镜、鞋子等）、头发、身体、皮肤、眼睛、眉毛等。

（2）软件（内在的、抽象的），如品格、作风、气质、经验、气量、心胸、兴趣爱好、特长、做的事情、处理问题的能力等。

（3）附件（间接的、关联的），如籍贯、工作单位、学历、邻居、朋友、职业、用的物品、养的宠物、下级员工、亲戚关系等。

三、赞美的技巧

（1）赞美必须因人而异。人的素质有高低之分，年龄有长幼之别，赞美应因人而异、突出个性，有特点的赞美与一般化的赞美相比能收到更好的效果。

老年人总希望别人不忘记他"想当年"的业绩与雄风，同其交谈时，可多称赞他引以为豪的过去；对于年轻人，不妨稍微夸张地赞美他的创造才能和开拓精神，并举出几点实例证明他的确前程似锦；对于经商的人，可称赞他头脑灵活、生财有道；对于有地位的干部，可称赞他为国为民、廉洁清正；对于知识分子，可称赞他知识渊博、宁静淡泊，当然这一切都要依据事实，切不可虚夸。

（2）赞美必须情真意切。虽然人们都喜欢听赞美的话，但并非任何赞美都能使对方高兴。能引起对方好感的只能是那些基于事实、发自内心的赞美，相反，若无根无据、虚情假意地赞美对方，其不仅会感到莫名其妙，更会觉得你油嘴滑舌、诡诈虚伪。

例如，当我们见到一位其貌不扬的女士，却偏要对她说："你真是美极了。"对方立刻就会认定这是虚伪之至的违心之言，但如果着眼于她的服饰、谈吐、举止，发现她这些方面的出众之处并真诚地赞美，她一定会非常高兴。

真诚的赞美不但会使被赞美者产生心理上的愉悦，还可以使我们经常发现别人的优点，从而对人生持有乐观、欣赏的态度。

（3）赞美必须翔实、具体。在日常生活中，人们有非常显著成绩的时候并不多见。因此，交往中应从具体的事件入手，善于发现别人哪怕是最微小的长处，并不失时机地予以赞美。赞美越翔实、具体，说明你对对方越了解，对他的长处和成绩越看重。让对方感到你的真挚、亲切和可信，你们之间的人际距离就会越来越近。如果你只是含糊其词地赞美对方，说一些"你工作得非常出色"或"你是一位卓越的领导"等空泛的话语，有可能会引起对方的猜度，甚至产生误解和信任危机。

（4）赞美必须合乎时宜。赞美的效果在于见机行事、适可而止，真正做到"美酒饮到微醉后，好花看到半开时"。

当别人计划做一件有意义的事时，开头的赞美能激励他下决心做出成绩，中间的赞美有益于对方再接再厉，结尾的赞美则可以肯定其成绩，指出进一步的努力方向。

同时我们千万要注意，不要在赞美的同时带出不良的暗示，造成弄巧成拙的结果。

（5）赞美应该雪中送炭。俗话说"患难见真情"。最需要得到赞美的不是那些早已功成名就的人，而是那些怀才不遇或身处逆境的人。他们平时很难听到赞美的话语，一旦被人当众真诚地赞美，便有可能振作精神，大展宏图。因此，最有实效的赞美不是"锦上添花"，而是"雪中送炭"。

（6）使用间接赞美。我们不要对某个人直接说出对他的赞美，相反，我们应该在他周围的人面前表现出对他的好感，这样的话很快会传到他的耳朵里。直接听到的赞美，远远不如间接得到的赞美有效，因此赞美别人的最好办法不是拍着肩膀吹嘘，而是通过交际圈中无处不在的关系网间接传递。

（7）赞美要避免伤及第三人。在交际中赞美的威力太强大了，以至于如果使用不当就可能会伤及在场的第三人，在使用时一定要谨慎。例如，如果几个人在一起聊天，我们赞美其中一个女孩身材好，其他女孩则可能会觉得自己很胖。因此，赞美他人需要多注意第三人的感受。

任务实施

1. 游戏规则与程序

小组围圈，小组成员轮流坐到中央，其他成员从他身上找特别的地方，然后用发自内心的语言赞美对方。

2. 相关讨论

当别人赞美你时，你的感觉如何？你赞美别人时，通常会赞美哪些地方？你能给所有的人不同的赞美吗？你在赞美别人时，感到自然吗？为什么会这样？

3. 总结

赞美是我们日常沟通中的重要部分，不仅能提高自己的观察力，更能建立和谐的人际关系，听到赞美或者去赞美别人都会提高我们在人群中的凝聚力和受欢迎的程度，要意识到赞美的重要性及赞美所要注意的技巧。

评价与反馈

任务名称				任务完成时间			
子任务名称				组长签字			
工作组组别				教师签字			
序号	姓名	自我评价（15%）	组长评价（25%）	教师评价			
				工作态度（10%）	技能水平（30%）	完成情况（10%）	团队协作能力（10%）
1							
2							
3							
4							
5							
6							
小组总结：							

巩固与提高

1. 怎样才能使赞美更有针对性？你能否做到"见什么人说什么话"？

2. 你知道你的父母或者好朋友在什么事情上缺乏信心吗？你能否运用赞美的方法帮助他们恢复信心呢？

3. 运用积极交流用语替换下列语句。

A. 你怎么这样不负责任？

B. 你总是打断别人，真不懂礼貌。

C. 已经熄灯了，你们还大声说话，就不能考虑一下别人的感受吗？

D. 请你讲一点儿社会公德，不要插队好不好！

4. 你是否参加过演讲比赛或者听过他人的演讲？你认为好的演讲应该具备哪些要素？

5. 拒绝客户的难点是什么？你认为在生活和工作中应当拒绝的事项有哪些？

6. 在你身边，有没有因为微笑而获得某方面成功的案例，请写出 1~2 件。

7. 请实践"声音的魅力"：在打电话时，微笑着说话，听听对方会有何反应？同时请你辨析对方是否也在笑着说话。

8. 你在以往的经历中，是否对什么人说话的声调留下深刻的印象？请列举其声音特点。

项目 5　有效提问

📚 项目导学

提问是一门科学，是一种沟通艺术，是提高沟通质量的有效方法。有效提问能够缩短必要的沟通时间，及时获取有效信息，及时、全面地了解问题，提高沟通效率，有效解决问题。不合理地进行提问会影响主客双方对问题的理解和把握，从而降低沟通及做事的效率，不能达到理想的效果。弗朗西斯·培根说过："谨慎地提问等于获得了一半的智慧。"虽然有效提问对于同客户保持良性沟通具有诸多好处，但是如果在提问过程中不讲究方式和方法，那不仅达不到预期的目的，恐怕还会引起客户的反感，从而造成与客户关系的恶化甚至破裂。提问的方式多种多样，大致可分为开放式问题和封闭式问题。提问的内容也涉及广泛，我们需要具备一定的提问技巧，使问题与实际情况相匹配，避免浪费时机，才能使提问发挥最佳效果，达到良好的沟通目的，并及时、有效地处理和解决问题。

📚 学习目标

认知目标

知晓有效提问的重要性，掌握有效提问技巧的理论性知识及相关注意事项。

情感目标

通过对各项技能的学习和掌握,培养热爱本职工作的意识,切实为客户着想,将对职业的热忱融入到有效提问的情感支持中,提高工作效率。

能力目标

能够在沟通、交际及客户服务的工作中,运用所掌握的技巧进行有效提问,并能提前预见可能会在实际提问会话中出现的问题,能够及时做出修正,从而完成有效会话,切实提高沟通效率,节约沟通成本。

任务1 提问的方法和技巧

情境导入

有两个"问题相同但处理结果却完全不同"的录音,A 录音通话时长 231 秒,B 录音通话时长 76 秒,用户询问的问题是:"你们电信公司是不是和移动公司一起搞活动啊?"问题是相同的,但是由于坐席员的处理方法不同,导致了两个录音不同的"命运"。

A 录音中坐席员与用户的对话是这样的:

坐席员:"您是指什么活动?"

用户:"就是你们电信公司的活动啊。"

坐席员:"我们公司现在有很多优惠活动,请问您是指哪一种?"

用户:"就是送话费啊,送50元啊。"

坐席员:"很抱歉,您的本机号码现在是没有充值送话费的活动的。"

用户:"不是啊,你们有啊。"

坐席员:"请问您在哪里看到的?"

用户:"手机短信啊,你们发给我的啊。"

坐席员不确定,让用户等待进行查询,查了近两分钟确定没有此优惠,再告诉用户结果,用户挂机。随后过了没多久,用户再次致电 10000 询问相同的问题。

B 录音中坐席员与用户的对话是这样的:

坐席员:"请问您是指哪一方面的活动呢?"

用户:"就是赠送话费的活动啊。"

坐席员:"请问您是收到短信还是在哪里看到我们的广告呢?"

用户:"是短信啊。"

坐席员:"请问是什么号码发送给您的短信?"

用户:"916830030。"

坐席员:"这并不是我们公司发送给您的,如果是我们公司发送给您的,会显示 10000。"

用户:"哦,这样啊。"

坐席员:"是的,请您不要理会这些短信,也许会是诈骗短信。"

用户:"哦,好的。"

用户挂机。

上面的例子告诉我们,我们可以发现 B 录音的坐席员能马上理解用户的问题,并有针对性询问"是什么号码"发送给用户的,这点很重要,坐席员正是通过这个突破口快速解决了用户的疑虑,提高了工作效率,同时没有让用户等待查询,既保证了服务质量,又提高了用户的满意度。在会话过程中,坐席员要集中精神,用心倾听对方的问题,正确理解,快速领会,做到有针对性地提问。这也是有效提问的一个方面。

任务要求

知晓提问的基本方法,掌握提问的技巧。

子任务1 提问的方法

任务要求

在一次保险业务中,销售代表想了解客户目前的保险合作情况,如果选择直接询问,比如说:"马先生,您看咱们公司目前跟哪家公司合作呢?费率是多少?"客户的答复大多是:"这个不方便透露吧,你们先报个价格吧!"问题关键点的皮球一定会被踢回来。作为一位销售代表,想要在这样一个沟通对话中获取到相关有效信息,并能够促成一项工作任务的完成,就必须掌握进行有效提问的方法。

知识准备

一、开放式问题

开放式问题是没有明确指向性的问题,回答者可以在较广的范围内思考,问答内容无预设选项,可以根据自己的理解或需求自由回答。对于上述举例,可以换一个提问方式:"马先生,您公司业务规模这么大,一定经常跟我们保险公司打交道吧?您对之前的合作伙伴评价如何?"其答复内容至少要针对提问者的问题简单评价一番,即便对方只回答"还不错",销售代表也能够将会话继续进行下去,比如说:"您看您对我们这边的要求是什么呢?"客户接下来的答复就不会是简单的"是"或者"不是",而是要对此进行或详或简的论述,只要客户在叙述,就能透露信息给销售代表,销售代表亦能借此机会进一步与客户深入沟通,以此加大项目成功的概率。还有一种情况,即客服代表在遇到客户投诉或意见征询时,向客户询问"您能说说当时的具体情况吗""您能回忆一下当时的具体情况吗"等开放式问题,就能通过提问获取到更多更有效的信息。

二、封闭式问题

封闭式问题是有指向性的问题,回答者只能按照既定的方向回答问题,也可以只回答"是"或者"不是",抑或是选择有限可选项。此种提问的目的是澄清事实和发现问题。例如,前文任务要求中所叙述的提问方式就属于封闭式问题,客户只能在既定的内容中作答,而对于实际情况而言,客户可以选择拒绝回答,销售代表无法获取需要的信息,那么这样一个会话就会被定义为一次失败的案例。又如,销售代表问客户:"您给朋友打电话时,他的电话是否处于开机状态?"开了或者没有开,客户只能回答"是"或者"不是",也可能会说不知道。

三、两种提问方法的比较

(1)开放式问题。

优点:收集信息全面,得到更多信息,谈话气氛轻松,有助于分析对方是否真正理解你的意思。

缺点:浪费时间,谈话内容容易偏离主题。

(2)封闭式问题。

优点:节约时间,容易控制谈话气氛。

缺点:不利于收集信息,它只是确认信息,确认是不是、认可不认可、同意不同意。

(3)两种提问应用性的区别。

开放式提问与封闭式提问的区别在于回答者回答范围的大小。采用开放式提问,回答者的回答范围比较宽泛,在客户服务应用中,一般是请客户谈看法、提建议、找问题等,其目的在于能够展开话题,在这类提问中经常使用的词汇是:什么、哪里、告诉、怎么样、为什么,等等。下面几种提问即开放式提问。

"您能谈谈参加这次会展后的感受吗?"

"对于公司的现状您觉得哪些方面需要改进呢?"

"您采取哪些计划来改进现有技术?"

"您能告诉我最真实的想法吗?"

"您为什么会有这种想法呢?"

"您觉得怎样做才是最好的?"

采用封闭式提问,回答者的回答范围比较窄,答案比较明确、简单,一般是为了缩小话题范围,收集比较明确的需求信息,在这类提问中经常使用的词汇是:会不会、能不能、对吗、是不是、多久,等等。下面几种提问即封闭式提问。

"我相信您作为公司的老总,一定非常关注公司的业绩,对吗?"

"公司现在是不是采用电话销售方式在销售产品呢?"

"会不会是因为这方面的因素,导致了您的采购计划推迟呢?"

开放式提问可以使客户打开自己的心扉,说出自己的想法、感受和顾虑,电话销售人员也因此有机会深入客户的内心世界,获得一些深层次的需求信息。但没有人愿意在自己不熟悉及不信任的人面前谈自己真实的感受。电话销售人员经常会听到客户说"我没有必要告诉你""你没有权利知道"等一些明显带有拒绝性的回答,致使电话销售人员非常尴尬。产生这种结果,是因为很多电话销售人员总喜欢在还没有与客户建立信任关系时就问一些开放式的问题。

任务实施

体会提问方法的不同对实际结果的影响

1. 游戏规则与程序

2人一组,准备关于体育项目的纸条(篮球、羽毛球、跑步、跳绳、乒乓球等),A同学抽取一张纸条,B同学提两到三个关于猜测A同学手中拿的是哪一种体育项目的问题,A同学回答"是"或者"不是"。例如,B:"你拿的是不是关于球类的?"A:"是。"B:"是不是用长的拍子去打的?"A:"不是。"那么答案必然排除羽毛球,有可能是篮球或者乒乓球。则B同学可以进一步询问:"是不是用手打的?"A同学回答:"是。"答案则是篮球。

2. 相关讨论

各组同学都结束游戏以后,进行讨论:在提问中应该注意哪些问题,在方法上应该总结哪些内容。

3. 总结

在沟通中,通过提问来获取信息很重要,一定要在提问中注意方法,才能在有限的时间内有效提问,以获取准确的信息。

子任务 2　提问的技巧

掌握提问的技巧，获取更多有用的信息。

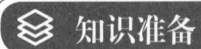

一、选择有助于实现自己目标的问题

在沟通中，通常在一开始，我们就希望营造一种轻松的氛围，所以在开始谈话的时候会问一个开放式的问题；当发现话题偏离主题的时候可以问一个封闭式的问题；当发现对方比较紧张时，可问开放式的问题，使气氛轻松。总而言之，在沟通中的任何提问，都要为自己的最终目标服务，无论是在营销沟通还是在客户服务沟通中，通过改变提问内容、方式，调节提问语气或采用其他方法，由此来获取信息、调节气氛、拉近相互之间的距离等，一切方法的使用都是为了能够协助自己达到最终的目标，即完成一次高效的服务或达成一次成功的营销。与客户沟通过程中的一言一行都必须紧紧围绕着特定的目标展开，对客户的提问要有目的地进行，千万不要漫无目的地脱离最根本的服务或销售目标。因此，我们在提问的过程中，要尽量避免一些宽泛的、无用的问题，应做到有的放矢，每一个提问都是有效的，这样就能从很大程度上促成一次有效的沟通。

二、要问让对方回答"是"的问题

这属于一种引导性提问，是封闭式问题的一种，即在一次问答过程中，做到让回答者只能回答"是"，或者做一种肯定性回答。这并非易事，其需要提问者本身对会话情境及沟通状况有较为深入的掌握，而且提出的问题能够切实得到客户或者任何情境之中的聆听者的肯定，从而只能对问题得出肯定回答。引导性提问暗示了你要寻找的答案，如招聘工作面试时招聘者可能向求职者："如果提供这份工作给你，你接受吗？"主管问团队成员："关于那件事你还有问题吗？"在会话过程中，提问者所提问题使对方身心趋于肯定的方面，身心呈开放的状态，从而易于接纳提问者的观点或者提问者要传递给对方的信息。这是一种需要通过多方面铺垫才能达到的提问效果。

三、要问二选一的问题

在一定的会话情境中,提问之时若限定对方回答问题的范围,容易得出想要的结果。例如,回答"是"或者"不是","对"或者"不对","可以"或者"不可以","愿意"或者"不愿意","了解"或者"不了解"等。这样的提问,有利于提问者在短时间内获取想要的信息,如在电话营销中,销售代表首先需要咨询的就是"您对我们的产品或业务有没有过了解",回答一定会是"有"或者"没有",如果有,则可以进一步深入介绍产品或业务,如果没有,则可以从最基本的内容开始向对方介绍,而不会在不知道对方是否有所了解的情况下再赘述,浪费时间,抑或是在对方毫不了解的情况下传递给对方不能理解的信息。因此,二选一的问题在整个会话过程中能够很好地帮助我们获取信息,为下一步的沟通打下良好基础。

四、具体问题具体发问

具体问题具体发问指的是提问要具有针对性。例如,中国电信或者中国移动10000、10086服务热线,可能会接到客户投诉说"开机的时候,手机坏了",或者说"始终信号不好,接收不到",或者干脆是"屏幕上面什么显示都没有"。这时候客户服务人员可能会问:"那您今天早晨开机的时候,屏幕是什么样子的?"当不知道客户的答案是什么的时候应使用这种发问,通过提出一些有针对性的问题,就此问题进行更详尽和深入的了解。这个问题就是针对具体情况提出的具体问题。针对性的具体发问的作用在于能让自己了解事情的细节,能够准确地把握事情发生的经过及问题所在,由此能够提高解决问题的效率。

五、沟通前列出所有问题

沟通前需要做好充足的准备,尤其是对于营销沟通或者谈判沟通而言,只有在做好充足的准备之后才能够准确地掌控交谈的节奏、把握重点内容。首先需要做的就是确定好沟通的目标,其次针对这个目标做大量的功课,其中就包括交谈中可能会涉及的问题,需要把问题的先后逻辑顺序整理清楚,将涉及的问题罗列出来,最后在沟通实践中,对事先准备好的问题在具体操作中依据实际情况的变动做出调整。在沟通前做好准备,列好相关问题,会为一次有效的沟通增色不少。

六、控制语气

人们通常会通过一个人的声音去描绘对方的外在形象,这种习惯对于客户服务人员来讲是至关重要的。作为一名客户服务人员,声音对自己的本职工作而言是非常重要的。客户服务人员必须用声音展现自己的形象,让对方感觉到声音的柔美、亲切,而语气和语调又是把声音调控到最佳状态的有效方式,语气直接反映提问者对会话另一方的态度,作为客户服务人员,在通过电话为客户提供服务或者只能通过对话为客户提供服务时,语气必须做到恭敬、谦和、有感染力、有亲和力,通过声音让对方感到提供服务者真诚的态度,让对方切实地知道你能给予他帮助。通过在提问中对语气、语调、音量的准确把握和调节,可以让愤怒的客户逐渐变得理智起来,让需要获得帮助的客户感到温暖,让想要促成一个项目营销成功的客户从容起来,否则,即便对提问内容把握得很到位,但语气傲慢、带有应付性的感情色彩,沟通的效果也会因此受到很大影响。谈话时候的语气本身就是沟通的一个组成部分。例如,说话粗声粗气可以表示愤怒,轻声细语可以表示同情。有时,乐观、自信的语气可以使大家达成一致意见,但语气不当时也可能会起到反作用。因此,在沟通中应该努力控制自己的语气。用录音机放出自己的声音,听一听你的声音是否有无意中流露出嘲讽?你的声音听起来是不是太低声下气?多多练习,直到你对自己的声音满意为止。

任务实施

体会提问技巧在情境中的重要性

1. 案例分析

燕子找到了一份在饭店的工作,却只上了一天班就被老板辞退了,并不是她条件不好,也没有做错什么事,而是她问了一句不该问的话。

那天,燕子刚一上班,店里就进来了三位客人,她随即拿了菜单去让客人点餐。第一位客人点了糖醋里脊,第二位客人点了宫保鸡丁,第三位客人点了京酱肉丝,并特意强调,要用干净的杯子倒啤酒。

很快,燕子将三位点的菜端了上来,还大声地问:"你们哪一位要用干净的杯子盛啤酒?"就因为这一句话,老板毫不客气地辞退了燕子。

2. 情境讨论

燕子被辞退的根本原因是什么?她提问的方式和内容有什么不对的地方?

3. 总结

在会话沟通中,需要具备一定的技巧,不能太过于直白或者用词不当,要在沟通中注意使用技巧,合理、恰当地提问。

任务2 提问的几点注意事项

情境导入

2013年10月28日,联合国秘书长潘基文在纽约联合国总部正式任命中国著名钢琴家郎朗为关注全球教育的联合国和平使者,郎朗由此成为历史上最年轻的联合国和平使者,这也是中国人第一次获此殊荣。北京时间10月29日晚21点,郎朗通过联合国新浪官方微博做客微访谈,与大家畅聊他的最新使命,以及他的音乐人生,某主持人也加入到和郎朗的提问互动中。其在提问中称:"对于世界上买不起钢琴,甚至生活在战乱和饥荒中的孩子,你的工作有什么意义?"此条微博发布后,引起了众多网友的围观和评论,而更多的是对主持人的炮轰,甚至有网友反过来质问道:"对于世界上买不起电视,甚至生活在战乱和饥荒中的孩子,你的工作有什么意义?""和平使者是干什么的?字面的意思不是扶贫使者啊……音乐交流不能促进和平?!还是我理解错了?!"

上面这个案例告诉我们,在任何场合,即便小到一个私人的会话过程,提问的恰当性都在时刻影响着我们的沟通。一个恰到好处的提问显得尤为重要,尤其是在营销和客户服务的工作过程中。因此,提问不仅要掌握恰当的提问技巧,同样也要重视一些在会话过程中需要规避的问题。

任务要求

一个成功的会话既要做到有效,又要做到让双方都以舒适的情绪完成这个会话。因此,在会话过程中的提问,应注意到诸多方面的要点,注意规避提问时可能会存在的问题,避免造成尴尬。

知识准备

一、不利于收集信息的问题

(1)问题中含有过多的为什么。在我们与别人的沟通中,经常会听到一个非常简单的口头禅:"为什么?"当别人问我们为什么的时候,我们会有什么感受?或认为自己没有传达有效的、正确的信息;或没有传达清楚自己的意思;或感觉自己和对方的交往沟通可能有一定的困难；或沟通好像没有成功；等等。因此，在沟通过程中，我们一定要注意，尽可能少说"为什么"，而用其他的话来代替，比如"你能不能再说得详细一些""你能不能再解释得清楚一些"等，这样的问题给对方的感觉就会好一些。实际上在提问的过程中，开放式和封闭式的问题都会被用到，但要注意，我们要尽量避免问过多的"为什么"。

（2）带有引导性的问题。在沟通过程中，总难免有要问及对方意见或者感受方面的问题，如果问诸如"难道你不认为这样是不对的吗"这样的问题，就会不利于收集信息。把自己已经形成的或者既定的观念强加给对方，不仅会给对方造成不好的印象，也会影响整个会话过程有序地进行，更无法有效地获知对方的真实想法和感受。

二、避免"多重问题"

多重问题就是将几个问题合成一个问题发问。这些问题可能会使人们迷惑，因为他们不知道应该先回答哪一个问题，所以通常只回答最后一个问题，这样我们将会得不到想要的信息。例如，主管问团队成员："你们是如何相处的？你们有什么困难吗？你愿意告诉我们这些吗？任何事情都可以。"某人问他的同事："你认为我应该接受调令到你们部门去吗？你们部门的情况怎么样？所有人都很友好吗？主管好吗？他对计时工作严格吗？你们感到轻松吗？你认为我去合适吗？"管理者问他的雇员："我真担心你，最近你似乎太安静了，看上去心灰意懒，我想知道是不是你家里出什么事了？或许工作上有什么问题？你愿意和我谈谈吗？你近来很少说话。"正如我们所看到的，多重问题不能帮助我们获得想要的信息。如此提问会使对方不知道如何去回答，在会话情绪上，也会给回答者造成一种压迫感，这种提问也同样不利于收集信息。正确的方法是应该采取循序渐进的方法，逐个地去询问。多重问题同时也指一个问题中存在两个隐含的问题，而让回答者不知该先回答哪一个。因此，在需要提出多个问题的时候，应该合理安排提问的逻辑顺序和问题内容，避免"多重问题"所带来的影响。如果一定需要提多个问题，提问前应先征询对方的意见。

三、运用中性问题

在询问性的提问中，提问者需要多运用"您认为呢""您觉得如何""您的意思是……"这一类征询式的提问方式，这样首先从心理上能给予对方极大的尊重，让客户有了一种情感上的满足。当你告知客户一个初步解决方案后，要让客户做决定，以体现对客户的尊重。例如，客户抱怨产品有质量问题，听完他的陈述，你就需要告诉他一个解决方案，比如说："您方便的话，可以把您的机子拿过来进行维修，可能需要在这里放一段时间。您觉得这样处理怎么样?"如此一来,客户就能切身地感受到客户服务人员一心为其服务的态度,从心理上就会产生一种被尊重的情感。经常运用这种询问性的语气,能够在很大程度上增强会话的和谐氛围,大大增加沟通的效率。又如,如果你答应给客户更换,而且产品是属于退换承诺期内的,这时候客户服务人员应如何去回答客户?当发现确实有质量问题的时候,客户服务人员一般会对客户说:"那这样吧,给您换一个吧。"很少有人说:"我帮您退了,您看可以吗?"

四、避免审讯

在沟通过程中,尤其是问答过程中,提问者的语气极为重要,要极力避免让客户产生被审讯的压迫感。有时,人们急需收集大量的信息,以便做出选择或决定,这样可能会使他们提出一些比较直接的或封闭式的问题。例如,你到商店去买汽车轮胎,售货员需要了解你的驾车习惯,以便推荐你所需要的轮胎,可能会提出这样的问题:你的车已经行驶了多少公里?一般在什么样的道路上行驶?载重量有多少?你的驾车习惯是什么?作为一个司机你最关心什么?等等。在提问中,我们要注意语气、语速及问题内容,尽量保持温和的语调,适当控制语速,避免快速地一连串地提问,要在短暂的会话中营造一种舒适、谦和的沟通氛围。

任务实施

体会提问所需要注意的问题

1. 案例分析

年轻的生物学教授张重取得了一项重要的科研成果,引起了国际科技界的关注和好评,以下是一名记者对他的采访。

记者:"听说您最近有一项重要的科研成果问世。张教授,您真是好样的!我代表全国人民向您表示衷心的祝贺!"

张重:"谢谢。"

记者:"您这么年轻,就取得了这么大的成就,真是不可思议啊!请问,您此时此刻的心情是怎样的?"

张重:"实际上,在读大学本科时,我就开始关注这一课题。这么多年的辛苦没有白费,我感到非常欣慰。"

记者:"您一定有许多话想对您的家人说吧?"

张重:"没有家人的支持,我不会有今天的成绩。"

记者:"听说国际生物学会给您一笔很丰厚的奖金?"

张重："有这回事。"

记者："这笔钱您准备怎么处理呢？是不是要捐献给希望工程？"

张重："抱歉，我没有考虑。"

2. 相关讨论

讨论以上采访中记者在提问过程中不恰当的地方，并做出纠正。指出在提问过程中所要注意的地方。

3. 总结

在会话过程中，提问者往往会因为技巧或方法掌握不得当而造成一些误会或沟通的失败，提问过程中的每一个细节都会影响会话沟通的效果。因此，在会话中必须要注意问题的内容，提问的语气、方式、态度等，才能够有效地提问，达到理想的效果。

评价与反馈

任务名称				任务完成时间			
子任务名称				组长签字			
工作组组别				教师签字			
序号	姓名	自我评价（15%）	组长评价（25%）	教师评价			
				工作态度（10%）	技能水平（30%）	完成情况（10%）	团队协作能力（10%）
1							
2							
3							
4							
5							
6							
小组总结：							

巩固与提高

1. 列举5个开放式问题、5个封闭式问题，并解释问每一个问题的目的是什么？
2. 假如客户想买一部手机，你需要问哪些问题来了解客户需求？

项目 6　确认的技巧与同理心的运用

项目导学

当今的世界是客户的世界,面对越来越激烈的市场竞争,客户服务要求更加精细化和专业化,而一线的坐席员是企业的第一道门户,服务好每一位客户是其神圣职责。在与客户沟通的过程中,坐席员需要和客户进行适时的互动,要做到专注倾听,认真记录客户所提供的信息,并站在客户的立场想客户所想、急客户所急,真正将客户当亲人、当朋友对待。

本项目将对确认的技巧进行深入分析,从确认的定义、作用、步骤及技巧做阐述,列举了一些典型案例,突出了确认客户信息在沟通中的重要性,同时分析了同理心的定义、功能及运用技巧,这有利于避免服务中的隐患,体现更优质的服务,提升企业的良好形象。

学习目标

认知目标

了解确认技巧与同理心的运用在沟通过程中的作用。

情感目标

培养坐席员的服务能力和服务意识。

能力目标

提高坐席员的专业素养,打造优质的服务质量,为企业的发展奠定坚实的基础。

任务1　确认的技巧

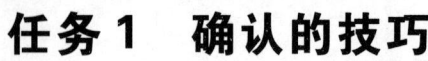

情境导入

猜一猜：画中的人物。

让学生观察，并说出自己看到的结果。如果你发现你的同学看到了和你不一样的结果，请你用找共同点的方法帮助他看到你所看到的画面。要求只能通过语言描述，不能使用任何肢体语言。

（1）看到的结果。

① 只看到一个美丽的少妇。

② 只看到一个老妇人。

③ 两者都看到。

（2）为什么同样的一幅图画，不同的人会看到不同的结果？

（3）生活中有没有这样的事情发生？请举例。

（4）如果遇见这样的情况，我们应该怎样解决？

任务要求

了解确认的概念，掌握在沟通过程中确认的时机、方法和技巧，理解确认在沟通过程中的作用，并能灵活运用确认技巧去处理和解决问题。

子任务1　确认的作用

情境导入

坐席员："您好，5644号很高兴为您服务！请问有什么可以帮您？"

客户："我想在北京国际饭店订间房。"

坐席员："女士，您好！请问怎么称呼您？"

客户："刘。"

坐席员："刘女士，您好！请问您全名怎么称呼？"

客户:"刘盈珊。"

坐席员:"请问是文刀刘,笑盈盈的盈,珊瑚的珊吗?"

客户:"是。"

坐席员:"刘女士您好,请问您几号入住?几号离店?"

客户:"我12号住,住4天。"

坐席员:"好的,刘女士,请您稍等,马上为您查询。"

坐席员:"对不起,刘女士,让您久等了,北京国际饭店为5星级的酒店,标准间折扣价为388元含服务费,不含早餐,您看可以吗?"

客户:"可以。"

坐席员:"刘女士,请问您需要预订几间房?"

客户:"8间,我订的房间数量这么多,可以给我申请个团队价吗?"

坐席员:"刘女士,是这样的,我试着向酒店帮您申请一下,我现在把您的需求记录下来,交由我们的业务部与酒店联系,稍后回电话给您,可以吗?"

客户:"好的呀,谢谢你啊。"

坐席员:"不客气,刘女士,请您保持电话畅通,我稍后联系您可以吗?"

客户:"嗯。"

坐席员:"刘女士,感谢您致电12580,再见!"

思考题

为什么坐席员对客户所说的每一个信息都进行确认?意义何在?

任务要求

了解确认的作用,掌握沟通技巧,促使沟通更顺畅,提高服务质量。

知识准备

一、确认的定义

确认就是在沟通过程中,为了达到有效的沟通,坐席员和客户之间进行各种关键信息的适时核对的过程。当客户提供一些关键信息、特殊要求等内容时,或者坐席员在做产品介绍或咨询等服务时,为了避免产生分歧,给工作带来失误,就需要进行确认工作。同时,坐席员也可以及时帮助客户厘清头绪,并使沟通走向正确方向。

二、确认的步骤

(1)复述。复述是坐席员在与客户沟通过程中,当客户提供一些关键信息,或坐席员在倾听客户的来电意图后,将关键信息和客户意图进行重复或者换一种表达方式讲给客户听,用以同客户确认坐席员的理解是否有误。这些信息一般包括客户的姓名、电话、地址、邮编、证件号码及客户的特殊要求等。

(2)概括。概括是坐席员与客户沟通中的总结与归纳,它与复述不同,复述可以发生在沟通的任何一个阶段,而概括则出现在沟通快要结束时或者沟通结束的时候。其目的同样是和客户确认本次沟通的内容,这些内容包括客户来电有哪些要求、坐席员提供哪些解决方案、解决这些事件承诺的处理时间及其他注意事项等。

(3)整理。整理通常运用在坐席员与客户沟通过程中针对一件事情出现两种或两种以上不同看法或矛盾的时候,坐席员要进行内容梳理,以清晰、易懂的方式表达给客户。

复述、概括以及整理的能力能够使坐席员养成一种细心的工作态度,同时还能够帮助坐席员提高解决问题的速度。

案例1

坐席员:"您好!很高兴为您服务。请问有什么可以帮您?"

客户:"我要挂个号,你帮我看一下××医院××专家明天上午的号还有没有?"

坐席员:"好的。您好,女士,这边帮您看了一下,××医院××专家明天上午还有号,请问,是现在为您预约吗?"

客户:"太好了,你帮我挂一个吧!"

坐席员:"好的,请您提供一下患者的姓名、性别和身份证号码,好吗?"

客户:"好。名字叫周丽,女,身份证号码是330100197001×××××。"

坐席员:"请问是'周树人'的'周'吗?'美丽'的'丽'吗?"

客户:"对。"

坐席员:"已经为您预约了。"

客户:"谢谢你!"

坐席员:"不客气,感谢您的来电,祝您生活愉快,再见!"

(没过几分钟,坐席员又接到了该客户的来电,询问什么时候取号,到哪儿取……)

案例2

坐席员:"您好!很高兴为您服务。请问有什么可以帮您?"

客户:"我要挂个号,你帮我看一下××医院××科××专家明天上午的号还有没有?"

坐席员:"好的。您好,女士,这边帮您看了一下,××医院××科××专家明天上午还有号,请问,是现在为您预约吗?"

客户:"太好了,你帮我挂一个吧!"

坐席员:"好的,请您提供一下患者的姓名、性别和身份证号码,好吗?"

客户:"好。名字叫李华,女,身份证号码是530100197401×××××。"

(确认环节)

坐席员:"请问是木子'李'吗?'中华'的'华'吗?"

客户:"对。"

坐席员:"请问身份证号码是530100197401×××××,对吗?"

客户:"对,对,没错。"

(再次确认环节)

坐席员:"好的。再次和您核对一下,您需要预约的是××医院××科××专家明天上午,也就是2014年3月18日上午的号。患者姓名是李华,女,身份证号码是530100197401×××××。请问是联系您本机吗?"

客户:"嗯,是的,没错。"

坐席员:"好的,请李华女士于2014年3月18日上午10点以前携带本人身份证到××医院×号楼×层×窗口取号就诊。请问还有没有需要帮您的?"

客户:"好的,没有啦,我都清楚啦,谢谢你!"

坐席员:"不客气,感谢您的来电,祝您生活愉快,再见!"

思考题

你能看出两个情境中,坐席员的工作有什么不一样吗?哪里不一样?请你把它列举出来,并说一说这些不一样的内容在沟通过程中有什么意义?

三、确认的重要作用

确认在沟通过程中是不可缺少的部分。

在日常工作和生活中,不同的人看到同样的事物所做出的反馈往往是不同的,这就有可能产生分歧,给沟通带来麻烦。这时候就需要坐席员利用概括和复述的方法进行整理。常见的整理方法就是通过在复述和概括总结的过程中认真倾听客户所说的内容,让客户参与到交谈中,并适时通过提问核实客户意图,及时确认反馈客户信息,找出矛盾事宜,有针对性地进行解释,确保双方沟通的信息和达成的协议统一无误,使沟通顺畅而有效。这也是坐席员应具备的基本职业素养。

任务实施

情境模拟练习。

(1) 内容:上述案例1、案例2。

(2) 目的：明确确认的作用。

(3) 方法：将学生分成2人为单位的小组，一人扮演客户，另一人扮演坐席员，分别对两个案例进行模拟练习。

(4) 任务：分享不同角色的感受。

子任务 2　确认的时机

案例1

坐席员："您好，便民热线，请问有什么可以帮您？"

客户："我想安装有线电视，我们这个小区比较老，但是很多居民已经安装了有线电视，只是我租的这个房子估计很多年没人住，没有安装，现在怎么办手续呢？"

坐席员："好的，为了更好地为您服务，请问您的全名怎么称呼？"

客户："我姓王，叫王晓明。"

坐席员："王是三横一竖的王，晓是拂晓的晓，明是明天的明，对吗？"

客户："嗯，对。"

坐席员："好的，王先生，办理有线电视报装，首先需要和所属城区内的营业厅联系，确定是否符合报装条件，如果符合的话，需要携带身份证和与身份证姓名一致的活期储蓄可结算的个人账户去办理即可。"

客户："哦，那费用是多少啊？"

坐席员："初装费也就是入网建设费，城区用户，平房320元，楼房300元，部分远郊区县的初装有所不同，我可以为您做个基本的信息记录，联系您所属的营业厅，让他们和您主动联系，您看可以吗？"

客户："那太好了。"

坐席员："好的，请问您的住址是哪里？"

客户："石景山区玉泉路10号院×号楼×单元×××室。"

坐席员："好的，您住在石景山区玉泉路10号院×号楼×单元×××室。请问您的个人联系电话是多少呢？"

客户："我的电话是137234×××。"

坐席员："好的，您的电话是137234×××。王先生，请留下您的身份证号码。"

客户："现在就需要身份证号码吗？"

坐席员："您留下的信息越全面，营业厅为您服务时就越方便。"

客户:"嗯,那你记一下吧,33010019820324×××。"

坐席员:"好的,我为您重复一下,您看是否正确,33010019820324×××。"

客户:"嗯,对的。"

坐席员:"王先生,您所属城区的营业厅联系电话是8765××××,您也可直接和营业厅联系。"

客户:"好的,谢谢。"

坐席员:"不用客气!"

案例2

坐席员:"您好!我是××的客户代表,很抱歉打扰您,请问您是×××号码的机主,对吗?"

客户:"是的。"

坐席员:"由于您是我们中国电信尊敬的天翼积分俱乐部会员,为回馈您长期以来对中国电信的支持,现在您的积分可以兑换泰力安全插座变形金刚款一组,产品坚固耐用、可左右旋转270°、节省空间、防火750℃、安全可靠。兑换成功以后,我们会通过EMS快递在10个工作日左右把兑换商品送到您的手上,快递免费。现在为您兑换,好吗?"

客户:"好的。"

坐席员:"现在我与您核对下收货地址和联系电话,确保快递商品能准确无误地送到您的手上,您的地址是××××,电话是×××?"

客户:"是的。"

坐席员:"再跟您确认一下,您兑换的是泰力安全插座变形金刚款一组,本次兑换将消耗您13 800分的积分,感谢您对中国电信的支持,祝您生活愉快。"

案例3

坐席员:"您好,我是×××,请问您是本机机主×××吗?"

客户:"是的。"

坐席员:"感谢您对中国电信的支持,今天给您打电话主要是请您优先使用每天1角7分、每月5元的七彩铃音功能,彩铃功能开通后将免费赠送两个月铃音盒,3首歌循环播放,到期后每月3元。"

坐席员:"此外,为了让您不再有漏接电话的情况出现,给您推荐每天1角7分的个人通信助理功能,包含漏话提醒、短信代发、改号通知、电话簿管理、日程提醒。"

坐席员:"(同时)为了节省您手机的流量费用,为您办理5元30兆手机流量包,现在为您设置使用,在使用过程中有任何问题可拨打10000与我们联系,好吗?"

客户:"好,可以。"

坐席员:"您电话号码是××××××××,用户名是××××?"(一次确认)

客户:"是的。"

坐席员:"好的,再次跟您确认一下,您需要的是每天1角7分、每月5元的个人通信助理和5元包月30兆手机上网流量包,不包含WLAN产生的流量费用。个人通信助理每天1角7分、每月5元;七彩铃音功能每天1角7分、每月5元,开通后免费使用两个月的七彩铃音盒,到期后每月3元。如果您使用中有任何问题,您可以随时拨打10000与我们联系,您对我的介绍都清楚了吗?"(二次确认)

客户:"清楚了。"

坐席员:"那就不打扰您了,祝您生活愉快,再见!"

思考题

你知道应该在何时对信息进行确认吗?

任务要求

分享情境再现,把握确认时机,进行有效沟通。

知识准备

在与客户沟通的过程中,我们应在以下时刻进行确认工作。

(1) 回答完客户的一个问题或解决一个异议时。

(2) 客户沉默时。

(3) 刚刚进行完产品推荐时。

(4) 合作促成前。

(5) 交谈了几分钟时。

常用的话术包括:"您感觉这个怎么样?""它符合您的要求吗?""我回答了您的问题/疑问了吗?""不知道我有没有解释清楚?""您肯定有您的理由,是什么原因呢?"

任务实施

情境模拟练习。

(1) 内容:上述案例1和案例2。

(2) 目的:掌握确认的时机。

(3) 方法:将学生分成2人为单位的小组,一人扮演客户,另一人扮演坐席员,分别对两个案例情境进行模拟练习。

(4) 任务:分享把握确认时机的感受。

子任务3　确认的话术

案例1

客服:"(先生或女士)您好,我是××公司客服代表,打扰您了,请问您是×××的机主本人吗?"

用户:"是的。"

客服:"为感谢您长期以来对××公司的支持,我们特别推出了每月5元的"音乐我最牛"音乐盒业务。订购"音乐我最牛"音乐盒,系统会每个月自动为您更新5首最新彩铃音乐,循环播放。使用中有任何疑问都可以拨打×××号码咨询或取消,请您放心使用好吗?"(一次确认)

用户:"好的。"

客服:"本月为您办理该项业务,每月5元,使用中有任何疑问或帮助都可以拨打××××号码咨询或取消,好吗?"(二次确认)

用户:"好的。"

客服:"感谢支持,祝您生活愉快!再见!"

案例2

"您好,欢迎致电湖南三替家政中意搬家公司,客服代表×××很高兴为您服务。

了解客户姓名:"请问怎么称呼您?"

了解客户需求:"请问有什么可以帮您?"

确认业务记录:"您好,××先生/女士,三替家政非常感谢您的信赖,现在跟您确认下您的需求,您是×月×日×时从×地搬家到×地,需要搬的东西有……价格是×元。您看都对吗?"

结束语:"您好,××先生/女士,在为您服务之前,我们的工作人员会及时与您取得联系,再次感谢您的支持,祝您心情愉快。"

案例3

"您好,××先生/女士,我是三替家政的客服代表×××。"

征求回访许可:"请问您现在方便通话吗?我想对您做个简单的回访。"

核实信息:"您好,在×月×日,我们三替公司的工作人员帮您从×地搬家到×地,当时的费用是×元。您看这信息对吗?"

了解服务情况:"您好,××先生/女士,请问您对我们工作人员的服务感到满意吗?"

询问问题:"您好,××先生/女士,请问您对这次服务有什么问题需要反映吗?"

结束语:"感谢您的配合,三替家政祝您心情愉快,如有需要敬请拨打我们的服务热线,×××××××,期待再次为您服务,再见。"

思考题

通过情境再现,你能对确认的话术进行归纳吗?

任务要求

运用简洁明了的语言礼貌地向客户提问,从而明确客户的意图。

知识准备

常用的话术归纳为以下几种。

(1)"您的意思……我这样理解对吗?"

(2)"我重复一下您的意思,是……"

(3)"按我的理解,您是说……"

(4)"您感觉这个怎么样?它符合您的要求吗?不知我有没有解释清楚?""××先生,如果我的理解是正确的,您是否需要……"

(5)"现在让我们来确认一下,您之前打来电话反映过,但没有收到回信,您现在需要我们尽快办理,对吗?"

(6)"我想与您确认一下订单,我们不希望发生任何差错。"

(7)"我会在本周五派公司代表到贵公司与您当面签订订单,订单的内容是……您都清楚了,是吗?"

任务实施

游戏:画图。

时间:15分钟。

目的:了解确认的作用。

任务:对两次活动的成果进行分享。

(1)老师将图形贴于写字板后(老师能看到,但学生看不到)。

(2)学生根据老师的指令来画图。整个过程中,学生不可以提问。

我们平时在沟通过程中,经常使用单向的沟通方式,结果听者总是见仁见智,个人按照自己的理解来执行,通常都会出现很大的差异。

(3)重复上述过程,但与上次不同的是,这次学生可以提问。学生听老师的指令,一边画一边提问,按照老师的指令来完成画图。

任务 2 同理心的运用

情境导入

背景：在美国，曾经发生过这样一件事情。有一位小学生身体感觉不适，经医师详细检查后，确认他患了癌症。接踵而来的，是一连串更详细的检查与治疗。当然，其中也包括了人人闻之色变的化学治疗。在不断地使用化学针剂治疗之后，癌细胞的蔓延得到了控制，但化学治疗强烈的副作用也开始显现，这位小学生的头发开始大量掉落，一直到他的头上没有一根头发。

随着出院的日子一天天临近，这位小学生的心中除了欣喜，更有一丝隐隐的担忧——考虑自己是否应该戴上假发回学校上课，一则因为自己的光头而自卑，二则怕自己的光头造型吓坏了同学。

回学校那天，母亲推着轮椅送他来到学校。走进教室的那一刻，母亲和他不禁张大了嘴，惊喜得发不出声音来。

只见全班同学都理光了头发，连老师也顶着大光头，热烈地欢迎他回来上课。

我们的这位小同学也一把扯去假发，大叫大笑，从轮椅上一跃而起。

思考题

你知道母亲和小孩子为什么如此惊喜和开心吗？

任务要求

同理心的巧妙运用能传授双赢的沟通艺术，倡导了和睦的人际关系，能使人在无形之中赢得机会。

子任务 1 同理心概述

情境导入

小孩的心

有一位单身女子刚搬了家，她发现隔壁住着一个寡妇与两个小孩子，生活比较拮据。

有天晚上，那一带忽然停了电，那位单身女子只好自己点起了蜡烛。没一会儿，她忽然听到有人敲门，原来是隔壁邻居的小孩子，只见他紧张地问："阿姨，请问您家有蜡烛吗？"女子心想：他们家竟穷到连蜡烛都没有吗？千万别借他们，免得他们对我产生依赖！

于是，她对孩子吼了一声："没有！"正当她准备关上门时，小孩子露出了关爱的笑容，说："我就知道您家一定没有！"说完，竟从怀里拿出两根蜡烛，说："妈妈和我怕您一个人住又没有蜡烛，所以我带了两根来送您。"

此刻女子自责、感动得热泪盈眶，将那小孩子紧紧地拥在怀里。

分享感受：你知道女子为什么会自责、感动吗？

结论：同理心是一把打开心扉的金钥匙。

任务要求

分享案例，认识同理心。

知识准备

一、同理心的概念

同理心（empathy）是指正确了解他人的感受和情绪，从而做到相互理解、关怀和情感上的交融。它在人际交往中，是指能够体会他人的想法，理解他人的立场和感受，并站在他人的角度思考和处理问题的能力，也就是人们常说的将心比心，把当事人换成自己，设身处地去感受、去体谅他人。这就好像是穿着别人的鞋子站一会儿，去体会他人的感觉，并对他人的感觉产生共鸣的过程。同理心在人际交往中发挥着重要的作用。

案例 1

某日，王某到健身房健身，预约时间是晚上 8 点，因交通顺畅早于 7 点 30 分抵达，王某心想：既然提早到场，不如先进场，也可以早点儿回家。

王某："你好！我是预约 8 点的，我想先进场。"

客服："不行哦！您要等到 8 点才可以进场。"

王某："为什么不行，反正我都到了，不要浪费我的时间嘛！"

客服："这是公司的规定。"

王某（非常生气）："你知道我一小时要赚多少钱吗？损失你赔吗？你们公司多大，什么都要听你们公司的吗？我要退钱！"

客服:"先生,不好意思,请问您贵姓,我帮您确认一下预约时间,好吗?"(客服确认)

客服:"先生,不好意思让您久等了,您预约的时间确实是8点,由于我们的会员很多,而且刚好是下班时段,这个场次已经约满了,为了让每一个时段的会员都能充分使用器材,还是要麻烦您稍等一下。"

客服:"王先生,非常抱歉,其实我们也很想让您先进场使用,但是如果我们没有管制的话,相信里面就会相当拥挤,那么也失去了预约时间进场的意义。同样,当您在预约时间想用器材的时候,却因为我们没有管制进场人数而无法使用,这才会真正影响到您的会员权益,真的不好意思。这样,我先帮您倒杯水,请您休息一下……"

案例2

夫妻对话1

珍:"你晚上还要加班吗?"

明:"是啊!没办法!"

珍:"我们说好今晚出去逛街的。"

明:"我又不知道今晚临时要加班。"

珍:"你天天只知道工作,从不留点儿时间给我。"

明:"你又啰唆,真烦死人了!"

珍:"我才要烦死了呢!你老是工作第一。"

明:"先生工作这么辛苦,别人家的太太都会心疼,你却这样抱怨我。"

珍:"太太理家也很辛苦,别人家的先生都那么体贴,你却一点儿也不关心我。"

夫妻对话2

珍:"你今晚又要加班了?"

明:"嗯,看来今天你又得一个人待在家里了,真对不起,老婆!"

珍:"能不去吗?"

明:"我也很想跟你待在一起,可是公司里最近这么忙,我又是具体负责这项工作的,不去能行吗?你看怎么办呢?"

珍:"不是说好了今晚我们一起去逛街的吗?"

明:"我知道你又要怪我开空头支票了,可是你也知道我真的是非常想跟你待在一起的呀!"

珍:"哼,假惺惺!你就知道工作,一点儿也不关心我。"

明:"你冤枉好人!我句句都是实话。再说,我多加班,多挣钱,不也是为我们以后的日子过得好一点儿吗……"

珍:"走吧走吧,不要烦了。早点回来,自己当心点儿。"

分享感受：在两个案例中，如果你是当事人，你会怎么做？说说为什么？

结论：同理心是现代人际交往的基础，是当今社会个人发展与成功的基石。

二、同理心的作用

（1）满足对方心理需求，深度尊重对方。

（2）化解人际矛盾，融洽人际关系。

（3）消除逆反情绪，避免沟通障碍。

（4）增加专业风范，展示人格魅力。

（5）有利于快速达成共识，便于迅速解决问题。

任务实施

目的：感受训练。

任务：分享感受。

1. 趣味游戏：摆"人"

用手指摆一个"人"字，看看有多少种摆法？

2. 感受辨识练习

案例1：观察右图，说出门外和门内孩子的心理感受。

案例2：妈妈和爸爸吵架了，妈妈非常伤心，你将怎样安慰她？

案例3：某饲料厂的客户打来投诉电话说，他所养的鸭子死了5只，他说是饲料问题，应当如何解决？

案例4：有人说你卖的东西好贵，你应当如何回应？

子任务2　同理心的运用技巧与训练

情境导入

坐席员："您好，××公司客户服务部，请问有什么可以帮您？"

客户："我在你们网上购买了两件衣服，是准备在母亲节送给我妈妈的，可我刚刚收到快件，打开一看，里面只有一件衣服啊。这是怎么回事？我明明买了两件。"

坐席员："很抱歉给您带来了不便，我很能理解您的心情，换成我也会很郁闷的，您先不要着急，请提供一下您的订单号，我帮您具体查一下！"

客户："就是呀，你说这件事哪能不急呀。我的订单号是×××××××。"

坐席员："好的，10分钟后给您回电可以吗？"

客户:"那行吧。"

坐席员:"请问来电号码是能够联系到您的吗?我怎么称呼您?"

客户:"我姓×,这个号能找到我,你快点儿吧。"

坐席员:"好的,×女士。"

(10分钟后)

坐席员:"×女士,您好,十分抱歉发生这样的事情,我刚才查询了一下发货单。您看一下手里的包裹,里面是不是有两个袋子,一个蓝色的和一个粉色的。"

客户:"对,没错,但是只有那个粉色的袋子里面有衣服,蓝色的袋子里是空的。"

坐席员:"哦,是这样啊。当时确实给您发了两件衣服,或许是物流过程中发生了意外,衣服掉出来了,这个我们也没法控制,再次向您表示歉意。现在有三种解决办法:一是我们将钱退给您;二是再给您寄一件同样的衣服;三是您再购买一件我们网站上的商品,按这件衣服的钱多退少补。您觉得怎么样?"

(这位顾客听完后,仔细地查看了一下手里的快递单,上面货物说明栏中确实写着:蓝色袋和粉色袋内各有一件衣服。至此,她非常感动,虽然自己没有及时拿到购买的衣服,但确实不是对方的责任,而且坐席员这么信任自己,于是她决定再到网站上选一件衣服。)

坐席员:"好的,非常感谢您的理解。"

(结果,这位女士买了一件比丢失那件更贵的衣服,而且她以后还经常在这家网站上购买东西。)

分享感受:你知道为什么这位女士又买了一件比丢失那件更贵的衣服,而且她以后还会经常在这家网站上购买东西吗?

结论:坐席员巧妙地运用了同理心的技巧,为客户提供了优质的服务,圆满地解决了客户的问题,并为企业赢得了好口碑。

根据情境导入中的案例,说出你的感受。

知识准备

一、同理心的运用技巧

同理心的运用技巧主要包括以下几点。

(1)将心比心,换位思考,站在对方的位置理解客户的心情。例如,"非常抱歉,给您添麻烦了,请问先生贵姓?"

(2)正确辨识对方情绪,先处理心情,再处理事情。在进行客户服务的过程中,客服人员如果遇到处理客户非常棘手的事情时，应先处理好客户的心情，使其心情平静下来后，再处理事情。例如，"我很能理解您的心情，换成我也会……""如果是我碰到了这样的事情，我也会很生气的。"

（3）站在对方的角度专注地听客户说话，让对方觉得自己被尊重。例如，"您慢慢说……"

（4）能够正确解读对方的意思，也就是真正理解对方话语的含义，并且能够感同身受地去体会客户的感受。例如，"您的意思是……""我明白了，我会尽快……"

（5）投其所好，针对客户所遇到的事情表示充分理解，并给予正面的反馈，使客户感觉找到了一个倾诉者。

（6）坚定立场，态度热情。比如对方要你降价，你知道肯定不能降价，那你要礼貌、热情地告诉他，让他以一种最好的方式接受，也就是不能降价是你的立场，但是表达的时候要有充分的热情，去博得客户的理解。例如，"我理解您的感受，不过这款产品（服务）实在……其实我们也有价格稍微优惠一点儿的，但考虑到不适合您的实际需要，就没有向您推荐。"

案例

在修理厂，一位师傅在修理机器，这时候师傅伸手向旁边的徒弟要工具，但是师傅没有说话。如果你是这位师傅的徒弟，会怎样去做呢？

徒弟 A 说："师傅，您伸什么手啊，大家都很忙，您不会自己拿吗？"

徒弟 B 说："师傅您等一下，我忙完手头的活儿马上递给您。"

徒弟 C 说："师傅您是要扳手吗？"然后拿给师傅。

徒弟 D 看了一眼师傅的工作进度后，马上反应出师傅需要扳手，立刻拿起扳手对师傅说："师傅，我来拧螺丝吧，您休息一下顺便喝喝茶、擦擦汗吧。"

分享感受：在 A、B、C、D 四个徒弟中你认为哪一个做得最好？假如你和其中一位徒弟进行角色互换，你会和谁交换？

结论：运用同理心与客户沟通，能够在沟通过程中使客户得到最好的服务体验。

二、同理心的训练

方法：分小组讨论。

任务：通过情境再现，分享心得并把它写出来。

内容：下列四个情境。

情境一：

小张个性内向，不善言辞，最怕在众人面前讲话，今天的语文课，就要轮到他上台做心得报告了，此时他的感受是……

情境二：

当事人十年前与先生结婚时，两人均在念大学，当时她的先生还是个一文不名的穷小子，当事人牺牲自己的学业，努力工作供他专心读完本科及研究生并支持其创业。如今先生事业有成，却经常挑剔当事人的学历与自己不配，嫌弃她不再青春美丽，并且公开与女秘书来往，并向当事人提出离婚要求，此时当事人的感觉是……

情境三：

当事人说："我从小孤苦一人，没亲没友，就像个没人要的孩子，如今有了这样的归宿，一个爱我的丈夫，疼我的公婆，我还要求什么呢？"当事人的感觉是……

情境四：

五个家庭带孩子到某家餐厅喝茶聚餐，大人聊得兴高采烈时，忽然看见一个幼儿脱掉外衣裤，只剩无袖内衣及小内裤。

母亲们立刻说："快穿上，会感冒的！""不穿衣服，不好看！""羞羞羞，怎么脱成这样！""我帮你穿上，好吗？""再不穿，我叫你爸爸来打你屁股了！"孩子仍坐在地板上，不穿衣服。

孩子的妈妈走过去，坐下并抱住这个仅仅四岁的孩子，轻声问他："衣服怎么了？"

"湿了。"孩子有点儿委屈。

"湿在哪里，我们来找找看。"孩子找不到湿掉的地方。

妈妈跟他说："穿上比较好找，先穿上再找好吗？"

"好。"上衣穿上后，孩子终于在左边袖子中间找到一小块湿湿的地方。

妈妈说："湿衣服不想穿，我把它变干好吗？"

"好！"孩子乖巧地说。

妈妈请孩子闭上眼，边用卫生纸吸去水分，口中边念"变变变，衣服快变干"，而后请孩子张开眼睛，孩子再摸摸袖子，觉得不湿了，满意地站了起来。

妈妈再继续追问："这长裤是谁的？"孩子说："我的。"

"摆在这里是要送人还是要穿上？"妈妈问。"要穿上。"孩子说。

孩子自动拿起长裤让妈妈为他穿上，满意地跑去玩了。

幼儿表达能力不佳，但不代表他们没有意见，他们对大人的意见也是会选择的，不一定会照单全收。与幼儿对话时不能一味地要求其改变自己的行为，这样容易忽略他们的真实需求。

任务实施

1. 趣味游戏

站在对方的角度："猜五官"。

两人面对面站立,一方指着自己五官任何一处,另一方快速说出名称。几个回合后双方互换。

2. 情境模拟

场景:在深圳飞往成都的飞行途中。

人物:看报纸的男士(45 岁左右,穿着休闲服装);正在看窗外的男士(28 岁左右,西装革履);四处张望的老婆婆(60 岁左右,好像是第一次坐飞机);刚吃完饭准备休息的小姐姐(24 岁左右,看起来心情不错)。

任务:你是机组乘务员,公司正在推行一项"顾客满意计划"。你的任务就是通过与乘客进行交流,想办法让乘客填写一份有效的意见调查表。你会怎样做?

目的:训练同理心。

方法:教师布置场景,学生轮流扮演乘务员,其余同学扮演乘客。

课后任务:分享感受和收获。

评价与反馈

任务名称				任务完成时间			
子任务名称				组长签字			
工作组组别				教师签字			
序号	姓名	自我评价(15%)	组长评价(25%)	教师评价			
				工作态度(10%)	技能水平(30%)	完成情况(10%)	团队协作能力(10%)
1							
2							
3							
4							
5							
6							
小组总结:							

巩固与提高

1. 如果你是一名坐席员,在与客户沟通的过程中,你会与客户进行哪些方面的确认?请举例说明,与大家分享你的经历。

2. 如果在与客户沟通的过程中，客户沉默不语，你会怎样做？
3. 你能举出几个关于确认的话术吗？
4. 在生活中，你遇到过哪些关于同理心的事？与大家分享你的经历。
5. 在人际交往中，你会运用同理心处理问题吗？你是怎样做的？在处理问题的过程中，它发挥着怎样的作用呢？请举例说明，并与大家分享你的感受。

项目 7　客户投诉分析与处理

项目导学

呼叫中心是客户投诉集中出现的主要部门，客户会把对企业的不满、意见、建议反映到企业的呼叫中心。企业通过呼叫中心将客户反映的信息进行收集、整理、解决、反馈，从而达到使客户满意、企业得到改进的目的。因此，对于坐席员来说，迅速了解客户投诉的原因、分析客户心理是处理好投诉的关键步骤。

本项目通过对客户投诉的原因和客户心理进行分析，并通过一些典型案例、情境再现、分析，归纳、总结出了一些处理客户投诉的方法和技巧，以便企业为客户提供更优质的服务。

学习目标

认知目标
了解客户投诉的目的和意义，分析客户的心理，正确运用处理投诉的技巧解决客户服务中的问题。

情感目标
树立对投诉的正确认识，掌握处理投诉的技巧。

能力目标
培养处理客户投诉的能力，能在投诉处理过程中保持良好的心态。

任务1　客户投诉分析

情境导入

一位股民打进电话,称他家电脑连不了网。以下是部分录音摘要。

……

坐席员:"先生请不要这么激动。"

客户:"我钱在里面,你知道吗?我能不激动吗?不是你的钱你当然不激动了。"

坐席员:"请问您住哪个小区?"

客户:"我没有小区。"

坐席员:"我帮您转到后台去,帮您处理。"

客户:"我现在就要处理。你知道吗?股票在里面,几十万元的钱呢!"

坐席员:"我帮您转到后台去,帮您处理。"

客户:"不行,即刻就要回复。"

坐席员:"现在有什么提示?"

客户:"没有提示,有也不告诉你。"

坐席员:"我只想了解是什么问题。您宽带连接的时候有没有提示678或691?"

客户:"右下角就是什么678。"

坐席员:"能不能把您的电脑重启?"

客户:"我已经重启了,要你说?"

坐席员:"重启了也没用?"

客户:"我已经重启了,这还要你说?我用电脑多少年了,我第一反应就是重启。"

坐席员:"先生,请问是不是经常出现这种故障?"

客户:"经常故障?那倒不会。周六、周日不出问题,偏偏在周一到周五交易日出问题。太糟糕了,哎哟,一年千把块钱宽带费交进去,一下子损失几万块钱了。"

坐席员:"网卡有没有问题?"

客户:"网卡?我要到电脑后面去看呢,它在闪。"

坐席员:"先生,麻烦您稍等一下。"

客户:"还稍等?我都要被气疯了。"

……

思考题

这位股民为什么如此生气？说说你的看法。

任务要求

树立对投诉的正确认识，掌握客户投诉的心理。

子任务1　正确认识投诉

情境导入

一位正在结账的客人因为等了 20 分钟仍不见账单而大发雷霆，电话拨打到订房中心，坐席员反复道歉，仍然无效。客人坚持要见总经理，否则将状告到政府有关部门。

任务要求

当人们觉得企业的产品或服务没有达到自己的设想或期望，就可能会进行投诉。作为坐席员，我们应当对投诉具有正确认识。

知识准备

一、投诉的定义

客户投诉是指客户对企业产品或服务不满意而向企业提出的抱怨、意见或建议。投诉可以是口头或书面的，或是针对产品质量、服务态度、交付时间等方面的投诉。

例如，当我们在购买商品或服务时，我们对商品本身和企业的服务都抱有良好的期望，如果这些期望得不到满足，甚至让我们感到失望，感觉像被欺骗一样，我们心理就会有不平衡的感觉，就想"讨个说法"，这一行为就是客户投诉。

随着消费者维权意识的增强，人们对自我满足意识的提高，"投诉"一词充斥于各个领域，各行各业正在面对各种"投诉"的挑战。

所有企业都希望为客户提供优质的产品或服务，但是再优秀的企业也无法避免客户投诉。客户的投诉是非常宝贵的资源，是企业与客户沟通的重要环节，可以帮助企业了解需求、识别问题或改进服务。

受理客户诉求的是一线的坐席员，目前大多数企业客户呼叫中心的坐席员对客户投诉缺乏正确认识，面对客户投诉多表现出充耳不闻、敷衍了事的态度，甚至出现坐席员在处理客户投诉的过程中与客户发生口角等情况，这就加大了客户对企业的不满，导致客户流失。

二、处理客户投诉的意义

请看下面一组数据。

（1）一个满意的客户会影响 1～5 人，100 个满意的客户会带来 25 个新客户。

维持一个老客户的成本只有吸引一个新客户的 1/5。

满意的客户会更多地购买并且长时间地对该公司的商品保持忠诚，购买公司推荐的其他产品并且提高购买产品的等级，对他人说公司和产品的好话，较少注意竞争品牌的广告，并且对价格也不敏感，还会向公司提供有关产品或服务的好主意。

（2）一个投诉不满的客户背后有 25 个不满的客户，其中 24 位客户不满但并不投诉。

一个不满的客户会把他的糟糕经历告诉 10～20 人并拒绝该公司的产品。

投诉者比不投诉者更有意愿继续与公司保持关系。投诉者的问题得到解决，会有 60%的投诉者愿与公司保持关系，如果问题迅速得到解决，会有 90%～95%的投诉者继续与公司保持关系。

因此，坐席员对投诉进行正确处理，无论对于客户的服务体验还是企业的自身发展都是至关重要的。

随着人们消费观念的日趋成熟，因产品不能使客户满意而导致的投诉事件已司空见惯。面对客户投诉，商家最常见的处理办法通常有以下三种。

（1）百般抵赖，对产品存在的问题视而不见，对客户的要求不予理睬。

（2）只有态度没有行动，这类商家或厂家的代表在处理客户投诉时的态度相当好，但就是不肯付诸行动去解决实际问题，客户的投诉便因此石沉大海，其实际效果跟第一种是一样的。

（3）道歉并马上付诸行动、解决问题。面对市场竞争日趋激烈的今天，厂家或商家在客户投诉方面应变被动为主动，彻底从观念上改变，重新认识客户投诉。

客户对企业提出投诉，只要是客观存在的，就会对产品的技术改进、员工的服务水平及企业的市场竞争力有很大的帮助，对企业有百利而无一害。

处理客户投诉的意义主要有以下几点。

1. 防止客户会悄悄离开

某消费者协会调查统计数据显示：客户不满意，也不投诉，但还会继续购买你的商品的只有 9%，而 91%的客户不会再回来。

你知道为什么吗？

客户投诉证明他对你的公司还有信心，在很多情况下，客户更愿意采取"一言不发"的态度悄然离开。这样，你就失去了一个客户对你的信任，不要小看一个客户，在未来的日子里，他会对至少 10 个人或更多的人说："千万别买这家公司的东西，他们的服务糟糕透了！"这样，你就失去了 10 个或更多的客户。因此，在客户投诉时，一定要认真对待，用"心"处理。如果企业把经营目标仅仅停留在技术上，而忽视服务，那么客户很容易就可以让企业关门大吉。

客户销声匿迹地离开是最可怕的事情。沉默的客户也是最危险的客户，如果你想保住你的客户，就应该让他们变得更"吵闹"，这些抱怨的客户也许就是你最大的财富。对于客户的离去，有时很难衡量损失有多大。

例如，一家银行在年底发现，虽然他们的客户数量没有变，可是客户把钱转走的数目却远远超出预料，很多客户就是这样悄悄进行转账的，当银行想采取措施进行补救时，为时已晚。

客户是企业生存、发展的基础，是企业利润的来源，只有尊重客户、为客户提供优质的服务，企业才能稳定地发展，只有做到真心对待客户、心为客户所想、情为客户所系、利为客户所谋，企业才能取信于客户，从而保持企业稳定增加销量。

2. 让不满意成为满意

客户投诉是一种行业现象，有效地处理投诉应该是让客户愤懑而来，满意而去。这就要求坐席员要在服务质量和服务态度上下功夫，能够游刃有余地处理客户的投诉，为客户提供一流的服务。

例如，"你们这儿的小姑娘说话太快了，我听不懂……""非常抱歉，先生。是我们服务不周，给您添麻烦了，我代她向您道歉，请问您需要查什么，我马上为您查询……""我要查……谢谢你。"该坐席员不仅向客户表示了歉意，而且很快为客户进行查询，最后客户满意地说了声"谢谢"。这样的处理方式就使客户得到了满意的结果。

3. 能为企业赢得先机

投诉对客户来说是有成本的，并且在当今商品琳琅满目的市场中，客户有许多选择，尽管如此，客户还是会不辞辛苦地向企业投诉，这反映了客户对企业的信任和厚爱，希望企业做得更好，不希望企业垮掉，对老客户来说，企业的成功也会使他们感到骄傲和自豪。

例如，一位客户常去某家餐馆，因为他喜欢这里的环境和菜的口味。在消费过程中，他会时常提出一些建议给这家餐馆，如某道菜色香很好，但无味；某位服务员的笑容不够灿烂；某种音乐不适合在餐馆播放；等等。这位客户提出的投诉性建议，正说明他很在乎这家餐馆。

挑剔的客户是企业最好的老师，客户投诉是送给企业最好的礼物。投诉能帮助企业看到自身存在的问题，帮助企业不断地完善服务，提升管理，使企业不断得到成长和进步。企业就是在不断地提出问题、解决问题、再提出问题、再解决问题的循环往复中前进的。

任何企业的质检水平再高，总是不可避免地由于运输、销售及使用方法不当等造成一些产品损坏，或出现产品使用效果不能达到客户要求等问题。单纯的赔礼道歉只是在精神上给予客户的一种补偿，无法完全弥补已受到伤害的客户。不管你的生意有多成功，你总有提高的空间，也总会有投诉的客户。

现如今，客户对产品的期望值越来越高，人们总是以"国际标准"来衡量商家的产品和服务。但商家们却没有把精力用在改善产品和服务上，而是靠不惜血本大做广告，夸大产品的性能，做出神话般的承诺，吊起客户的胃口和期望值。过高的期望与过低的效果，带来的就是客户的不满、抱怨和投诉。

相关统计显示：服务不能令客户满意，会造成91%的客户离去；客户问题得不到解决，会造成81%的客户流失；69%的客户从未提出过投诉；23%的客户会将不满向身边的服务人员提出；仅有8%的客户投诉通过客户关系部门传达到最高管理层。

由此可见，对客户的不满既要重视，又必须给予彻底解决。我们应当重视和正确对待客户的不满，抓住客户不满中的机会来提高企业服务质量，以达到扩大销售的目的。

在知识经济社会中，知识、技术和产品的更新速度越来越快，一种新产品上市后，用不了多长时间就会被另一种新产品取代。

例如，在 IBM 公司，40%的技术发明与创造来自客户的意见和建议。企业应注意从客户投诉中挖掘"商机"，寻找市场新的"买点"，变废为宝，从中挖掘出金子。对企业来说，客户投诉是一种不可多得的"资源"。

案例

著名的洗发水品牌花王，曾发生过这样一件事情。花王的客服中心在晚上曾接到一位肤质过敏型客户的投诉，说其使用洗发水后头皮发痒并出现红色小颗粒。花王之前从未出现过这样的问题，但其没有将这一投诉放到第二天一早再解决，而是在当晚就立刻成立了危机公关小组，查出该客户的具体位置，连夜乘坐飞机登门拜访、道歉，同时承诺该客户终生免费使用花王的产品，并由此发现了产生该现象的原因——该客户是一位有着特殊过敏肤质的人。同时，花王经过调查发现存在这一状况的不止该客户一人，而是一个特殊的群体。由此，花王发现了一个新的未被满足的市场，并开发出了一种新产品，就是专门针对特殊肤质的人的防过敏产品，该产品一上市就大获好评。

在市场竞争日益激烈的今天，一些聪明的企业家善于从客户投诉中挖掘商机，由此挖掘了一个个新的经济增长点。例如，电脑刚面世时，一些电脑客户常因系统经常死机对厂商进行投诉。此时，有一家电脑公司从客户的这一投诉中发现了商机，开发了"一键恢复"功能，只需按一下恢复键，被损坏的系统就会自动恢复如初。结果，装有这种软件的电脑一面世就受到广大客户的青睐。

在日常的投诉处理工作中，我们经常会接到一些零售客户的投诉电话，其实这些客户的投诉不只是对我们的服务感到不满,同时也包含了大量的市场信息和对企业的期望与要求,这些往往蕴含着新的商机。

时下有的企业虽设有专门机构、有专职人员接待和处理客户的投诉工作,但通常只是对客户投诉做一般性的接待与处理,有的甚至抱着"救火"的态度去应付。

一位资深的市场营销专家曾说过:"客户的投诉是不可多得的资源。"企业要想生存、发展,必须重视每一位客户的投诉。当客户感觉到产品或者服务在质量、可靠性或者适用性方面有不足的时候,他们通常会侧重于价值取向,这是因为期望值是受商品或者服务成本影响的,客户对低成本和较高成本商品的期望值是不同的。例如,一份3元的快餐即使味道不太好,客户也会给予原谅,但是他对于一顿100元却难以下咽的正餐的反应就会很大。

客户的问题与投诉往往是他们对企业销售活动的评价与反馈。并不是投诉越少,就代表企业的问题越少,大部分不满意的客户不会投诉,许多不投诉的客户会直接转向竞争企业。企业不能被动地等待客户不投诉,而要积极发现客户的问题和不满,及时采取行动来更新和改进对客户的服务,更好地满足客户的需求,给企业以提升客户忠诚度的机会。因投诉被及时处理而达到满意的客户,会比投诉发生前更加忠诚,最重要的是,企业应确保在今后的经营活动中,不会让这些问题再次发生。客户永远是对的,错误永远是企业的,只有企业承认错误、面对错误、改正错误,才能赢得客户的信任,留住客户,建立牢固的客户合作关系。

4. 维护和巩固企业的良好形象

有效处理投诉可以将投诉所带来的不良影响降至最低点,从而有效地维护企业的自身形象。

美国白宫全国消费者调查统计中有这样一组数据:不投诉的客户,有9%会回来;而投诉没有得到解决的客户,倒有19%会回来。粗略看来,这是一个很奇怪的现象。投诉没有得到解决,但还会回来,这是什么原因呢?这个统计结果是很真实的,很多企业都从这个数据中得到了启发。为什么有些投诉没有解决,客户反而愿意继续关注该企业,而那些不投诉的客户,根本就没说不好,却不来了?

这就好比去餐馆吃饭,你对菜的质量不满意,什么也不说,结完账就走了,但以后再也不会来了。而有些人提出意见,说你这个菜炒得太咸了,环境太差了,服务员给你解释:"可能您的口味比较淡,我下次推荐一些口味比较清淡的菜给您。环境以后也会改变,这里很快要进行装修。谢谢您提出的宝贵意见。"这个人可能还会再来这家餐馆吃饭。他为什么会再来呢?因为他受到了重视,感受到了尊重。客户有受尊重的需求,投诉尽管没有得到解决,但他受到了企业的重视。因此,后一种人回来的概率会高出10%。

某项调查统计显示:投诉得到解决后,会有54%的客户回来,继续在这个企业消费,有46%的人不会再回来;投诉迅速得到解决的,有82%的客户愿意继续在这个企业消费，有18%的人不会再回来。这说明有效且迅速解决客户投诉对企业来说很重要。

有效处理投诉可以挽回客户对企业的信任，使企业的良好口碑得到维护和巩固，即使由于企业的产品问题而引发投诉，如果有很好的处理方法，最终还是会挽回客户对企业的信任。

案例1

海尔集团前些年推出过一款洗衣机叫"小小神童"。推出时，它的设计存在一些问题，当时这款洗衣机的返修率非常高。海尔集团是怎样处理这件事情的呢？其调集了大量员工，然后承诺客户"接到投诉电话以后，24小时之内上门提供维修"。很多客户的洗衣机都是经过海尔连续3~4次，甚至5次上门维修后才解决问题的。最终这件事情的结果是什么呢？有很多客户反映说："任何新的产品都会存在这样或那样的问题，但对海尔的服务，我们是满意的。"他们感受到了一个企业对客户的尊重和重视。

如果一个企业对客户投诉采取消极面对的态度，就会打击客户的积极性，那么客户对企业的信任自然就没有了。客户会认为企业广告做得很好，产品外观也很好，可卖给我之后就不管了。

案例2

福特汽车公司有几款车的轮胎存在质量隐患，用到一定程度后存在爆胎的可能。一些客户投诉后，福特汽车公司在很多媒体上公开道歉，承认自己的产品存在这样的问题，并且迅速向广大客户做出服务承诺，在全球召回了这款车已经卖出的10万条轮胎。每条轮胎的价格在人民币1 000元以上，10万条轮胎给一个企业带来的经济损失是巨大的，也许一段时间的营业额就没有了，但是福特汽车公司这么做了以后，不但没有影响它的品牌，反而提升了口碑，因为客户所关心的是购买的产品出现问题后，企业是不是真正能够帮助客户解决问题。

很多投诉由于解决不当而闹上法庭，最终有的是企业胜诉，有的是企业败诉，但不管结果如何，这对企业的品牌信誉都会带来很大的影响。

前些时候，某报纸曾刊登了一篇名为《"日本制造"神话的破灭》的文章。什么叫"日本制造"神话的破灭呢？就是以前中国人都很崇尚"日本制造"，觉得这四个字代表着品质的保证，但现在人们发现日本生产的东西也并不见得好，像某日本品牌的笔记本电脑在中国的返修率就很高，有很大的质量问题。最重要的一点是，如果一个企业不能有效地处理投诉问题，他们就不可能把投诉带来的不良影响降低，反而会扩大。

案例3

前些年，某汽车公司的吉普车有一件投诉案：成都一位吉普车车主在行驶过程中因为车辆故障发生了车祸,受害者面临成为植物人的危险,因此该汽车公司遭到了投诉。该汽车公司对这件事情的处理态度是消极的,他们要求把这辆车运回日本鉴定,中国企业鉴定这个车的问题不算数,必须由日本企业鉴定,看是不是故障造成的车祸。这件事情前后拖了很长时间,各大媒体纷纷把矛头指向该汽车公司,电视台对此也进行了曝光。接受采访的时候,该汽车公司主管的态度也很消极,说这件事无可奉告,并且始终不愿意承认是由于车辆发生故障造成车祸的事实。最终这个投诉是怎么解决的呢?就是该汽车公司在中国召回了所有车,承诺对该类吉普车进行零件更换。整个投诉事件的处理用了很长时间,对企业信誉造成了很大影响。

企业通过投诉可以及时发现存在的问题,能够防止客户被竞争对手抢走。有一些客户进行投诉,实际上并不是抱怨产品或服务的缺点,而只是向你讲述他对你的产品或服务的一种期望,或者是提出他们真正需要的是一种什么样的产品。这样的投诉会给企业提供一个发展的机遇。

三、客户投诉的原因

客户购买商品是为了满足某种需要,因此客户购买的不仅仅是商品本身,客户期望通过购买商品得到超值的服务体验。尤其对于名牌产品,客户对其服务的期望值更高。当客户发现自己的体验低于期望值时,就会抱怨、不满,甚至进行投诉。例如,产品质量没有达到客户的理想要求;客户在消费产品时,因自身对商品的不熟悉、不了解而导致错误使用;企业的服务人员不专业,这些都可能导致客户投诉。

1. 因质量原因产生的投诉

据《郑州晚报》报道:一位股民在网上炒股时,突然遭遇网络掉线,随后他怒骂中国电信,称自己因此损失十几万元。这段电话录音在互联网上被曝光后,迅速被上百个论坛转载,网民跟帖评论上万条,这段长达8分钟的电话也被称为2007年股民"第一骂"。

上面这则案例,是由于网络问题而导致客户经济方面受到损失,最后导致客户情绪激动而产生投诉的。事实上,更多的客户投诉是因商品质量问题引起的。

案例

张女士去年4月份花费了1 800元买了一部手机。9月份,手机就经常无信号,甚至常常死机。张女士找到了该手机的售后服务部门,得知需返厂维修。

1个月后,张女士取回手机,还没有使用一周,原来的问题又出现了,而且更严重,频繁死机。这次,售后服务部称要换主板,张女士心想:这回修理好,就该没有问题了吧。

又 1 个月后，张女士得知售后服务部不小心把手机的屏幕弄破了，又要返厂修理。1 个月过后已是当年的 12 月份，张女士拿到手机还没有使用一周，就又出现死机问题。张女士实在没有了耐心，要求厂家换机，但对方坚持继续维修，并答应提供给她备用机。

张女士无奈之下不得不向工商部门投诉，最后厂家同意给张女士调换一部新手机。

这种因质量原因而导致的投诉在所有投诉中占大多数。对于因质量问题给客户造成影响的，企业应该真诚地向客户道歉，更换新商品，或者给予一定的经济补偿。

2. 因服务原因产生的投诉

客户买了并不是自己所需要的商品或者不清楚怎样使用商品时，就可能产生投诉。这就要求销售人员在向客户介绍产品时，一定要清楚客户的真正需求，不要被表面现象迷惑。

同时，销售人员应在第一时间确认客户已经理解商品的使用方法。现在市场上的商品种类越来越多，这就要求销售人员在平时为客户提供服务时，注意积累这方面的知识，做到有备而"战"。坐席员在服务过程中，如果处理不当也可能会产生投诉。此种类型也属于"因服务原因产生的投诉"。

案例 1

与客户沟通太随意遭投诉

坐席员："您好，请问有什么可以帮您？"

客户："我有一个问题想请教一下。"

坐席员："好的，您请讲。"

客户："我们在做扶梯改造时，一定要加×××吗？"

坐席员："（随意的）如果有的话就要加上。"

客户："我有一位朋友也使用你们的产品，他并没有加的。你说要不要加？"

坐席员："加不加都可以，您要问我呀，那就加上吧。"

客户："这是技术问题，很严肃的，怎么能这样随便，太过分了！"

客户十分不满意，并投诉了这名坐席员。

案例 2

推卸责任遭投诉

坐席员："您好。"

客户："我打了一下午你们的电话，怎么打不通？"

坐席员："您打了一下午都打不通？不会呀，您没有拨错号码吗？"

客户："（客户开始不悦）我明明就是打的这个号码。"

坐席员:"(怀疑客户)那不可能,我们这里有几百位工作人员接电话,您打了一个下午却打不进来是不可能的。"

客户:"那你的意思就是说我在说谎话了。"

坐席员:"有没有说谎,您自己最清楚。"

客户:"你讲的是什么话?我要投诉你!"

案例 3

业务不熟遭投诉

坐席员:"您好,很高兴为你服务。"

客户:"我打电话问你们送快件的价格,说是10元,现在你们要收15元。"

坐席员:"很抱歉,是我们新来的同事说错了。"

客户:"那我不管,我现在就要按你们报的价格10元付款。"

坐席员:"很抱歉,那是不行的,您现在还想不想送这个快件呢?"

客户:"已经包好了,你说要不要送?"

坐席员:"那您现在是什么要求呢?反正10元是不行的。"

客户:"是你们报错价格,还有理了,我要投诉!"

案例 4

没有热情服务而遭投诉

坐席员:"(冷冷的语气)您好。"

客户:"我想问一下阿波罗酒店附近哪里有邮局?"

坐席员:"(冷冷的语气)红旗路邮局。"

客户:"能告诉我具体位置在什么地方吗?"

坐席员:"(冷冷的语气)明月超市旁边。"

客户:"什么?"

坐席员:"(不耐烦的语气)没有写多少号。"

客户:"什么,多少号?"

坐席员:"(不耐烦的语气)没有写多少号。"

客户:"(客户生气地收线)什么态度!我要投诉你。"

以上四个案例都是因坐席员自身的原因导致客户进行投诉。

实际上,任何投诉在发生前,客户就已经产生了潜在的抱怨,即产品或者服务存在某种缺陷。潜在的抱怨随着时间的推移,就会逐渐地变成显现的抱怨,进而会转化为投诉,这就是从量变到质变的过程,也是从抱怨到投诉的过程。

坐席员由于服务知识的不专业、态度的不端正引起客户投诉,这些原因均是人为原因。

例如，一位客户在某商场购物，对于他购买的产品基本满意，只是发现了一个小问题，要求更换产品，但是销售员不太礼貌地拒绝了他。这时，客户开始抱怨并投诉产品质量存在问题。事实上，在他的抱怨中，更多的是销售员服务态度方面的问题，而不是产品质量的问题。只有非常认真地听取客户的抱怨，才能发现其诉求的实质，也就是真实的原因。一般的客户投诉，多数属于发泄性的，此时客户的情绪不稳定，一旦发生争论，只会火上浇油，适得其反。

处理客户投诉的方法是在投诉开始时，必须耐心倾听客户的抱怨，避免与其发生争辩，先听客户讲。售后服务是对产品的增值服务，企业在为客户做增值服务的同时，客户也在为企业创造无形的价值。口碑传播就是一种无形的价值。例如，海尔集团的售后服务迅速、及时，客户就非常认同海尔集团的产品，这个口碑就会传播开来，为企业创造价值。

呼叫中心是售后服务的一个重要窗口，一些以客户服务为主要业务的呼叫中心已改为客户联络中心、客户响应中心、客户满意中心。这就使得呼叫中心的职能越来越广泛，为客户提供服务的范围也越来越大，对呼叫中心从业人员的要求也越来越高。

作为呼叫中心的主要工作者，坐席员肩负着重要的客户服务职责，在受理各类投诉时稍有不慎，就可能导致客户不满，直接影响企业的声誉。因此，在客户面前，坐席员向客户展现的是公司形象，必须全力以赴。

3. 客户自身原因产生的投诉

在实际生活中，总会遇到这样的客户。有的客户过度利用自身的权利，属于"狂躁型"，稍有不满意，无论是产品自身的问题，还是客户自身的问题，拿起电话就进行投诉。

例如，客户投诉电热咖啡壶不保温，煮出来的咖啡不香。在处理投诉的过程中，坐席员建议客户正常操作咖啡壶，把水放到水箱里，如要保温需要持续通电。客户意识到自己没有通电保温后，向坐席员提出有关水流过程的问题和保温前后的温度为什么差别不大。显然，客户此时处于一种自我保护状态（很难让他承认是自己的失误），之后，客户表示自己已经理解坐席员所讲的意思了。

但是，客户又提出了另外一个问题，即"我的咖啡壶煮出来的咖啡不香"。显然这个问题属于客户的高级期望提问。坐席员仔细询问得知，客户用的是印尼咖啡豆磨的咖啡，看来这位客户比较喜欢咖啡。坐席员建议把咖啡磨得细一些，这样可以调节咖啡的味道。此时，客户就询问坐席员是否用速溶的会更好。为了迎合客户对咖啡喜欢的心态，坐席员表示速溶咖啡虽好，但是自己磨出来的咖啡喝起来可能更有成就感，有时间可以到网上查找一些相关资料，以便更好地获得一些技巧。这时候客户表示非常满意，同时也对坐席员表示了感谢。

上面提及的事例是由于客户对产品性质和一些使用常识产生了误解，从而导致投诉。教会客户正确使用产品是销售人员的基本工作职责。如果客户不会正确使用产品，或者没有掌握基本的维护知识，就很容易导致客户对厂家的不满，处理得不好就会导致退换货品或投诉。有效处理客户投诉是客户管理的重要内容，对于坐席员来说，出现客户投诉并不可怕，问题是如何正确看待客户投诉和处理投诉。

例如，海尔集团在把产品向农村市场推进的过程中，就接到过这样的投诉，即水管容易发生堵塞。技术人员上门服务时发现，这并不是产品自身的原因，而是当地的客户把洗衣机用来洗红薯，而红薯一般带有很多泥，因此只能用来排出污水的出水管自然就会堵了。得出这个结论后，海尔集团的技术人员并没有理直气壮地反驳客户，而是向他们耐心地解释，并且意识到这是来自农村市场的一个商机，于是立即研发出可以洗红薯的洗衣机，这种独一无二的产品，不仅在客户心目中树立了"产品一流，服务超一流"的企业形象，而且抢占了农村市场。

客户投诉给企业带来了极大的商机，睿智的企业会充分抓住客户投诉这一宝贵的资源来抢占市场。

任务实施

活动：根据案例进行情境模拟。

方法：角色扮演，进行情境模拟。

任务：

（1）你认为坐席员在整个对话过程当中犯了哪些错误？改正后进行模拟。

（2）成果分享。分享关于情境的感受。

目的：正确认识投诉。

内容：根据案例进行情境模拟。

案例：

坐席员："喂！您好。"

客户："你好，我是……"

坐席员："我知道，什么事，请讲！"

客户："是这样的，我的手机这两天会经常自动关机，而且来电接不起来……"

坐席员："是快没电了吧！"

客户："不是，我才刚充满的……"

坐席员："那是不是没话费了？"

客户："才交过呢，而且好几次了。"

坐席员："那我就不清楚了，你在哪里买的，就到哪里问问吧！"

客户："你是干什么吃的呀，我要投诉你！"

子任务2　客户投诉的心理分析

情境导入

客户："我前几天就反映过我家的电话只能接不能打，你们怎么回事，说二十四小时处理，现在还没有处理，你们怎么搞的？"

坐席员："（沉默）我会尽快催一下，请您再耐心等待一下。"

（未及时回应客户，没有及时诚恳地向客户致歉，并承担责任，表达同理心。）

客户："希望今天能够搞定。"

坐席员："我不能答复您能不能搞定，我会帮您催一下。"

客户："我要的是速度，都几天了，还没有好。"

坐席员："好的，我现在帮您催一下。"

（语气不诚恳、漫不经心。）

客户很不满意，"啪"的一声挂断了电话。

思考题

你知道客户不满的原因是什么吗？

任务要求

在客户投诉中，往往因投诉内容不同，客户投诉的心理也存在差异，坐席员应正确把握客户投诉的心理，处理好各种类型的投诉。

知识准备

一、客户期待解决问题

"我已经等了4个小时了，你们还没帮我处理呀？不是说2~3个小时就好了吗？"

"我已经打过3次电话了，等了2个小时，还没有结果？怎么搞的？"

这样的话语就意味着客户心理尚未达到信任危机的状态，只要相关部门密切配合，在客户期待的时限内解决了问题，那么客户的满意度和忠诚度就不会受到影响。因此，把握住"客户期待问题尽快解决"的心理后，应马上采取行动。

如果客户期待问题尽快解决，而且又是常见的可控问题，坐席员就应该给予客户承诺，提出一个解决问题的期限，以安抚客户。如果是不可控的问题，或者是需要进一步确认的问题，坐席员更应积极地对客户表示歉意并尽快为他解决，还要及时与他联系，也要欢迎和感谢客户主动沟通。

二、客户渴望得到尊重

人人都希望被尊重，马斯洛需求层次理论第四个层次就是"尊重"的需求。无论是小朋友还是成年人，或者是七八十岁的老人，都希望自己能得到别人的尊重。这在客户投诉处理中也不例外，投诉的客户也希望被尊重。

"你就应该……""你为什么这样呀？""你为什么不那样做呢？"当客户听到这样的语言时，自尊心就会受到重重的一击。客户一般很难接受别人说自己的缺点，或者说自己不行。

案例

有这样一则故事：一位科学家研究出了克隆人的技术。有一天，这位科学家得知死神正在寻找他，便利用克隆技术复制出了12个"自己"，想在死神面前以假乱真，以保住性命。

科学家的克隆技术堪称完美，面对13个一模一样的人，死神一时分辨不出哪个才是真正的目标，只好悻悻而去，但是没过多久，对人性的弱点了如指掌的死神，想出了一个识别"猎物"的好办法。

死神又找到了那13个一模一样的科学家，对他们说："先生，您的确是个天才，能够克隆出如此近乎完美的复制品。但很不幸，我还是发现你的作品有一处微小的瑕疵。"

话音刚落，那个真的科学家暴跳起来，大声辩解道："这不可能！我的技术是完美的！哪里有瑕疵？"

"就是这个。"死神一把抓住那个会说话的人，把他带走了。

鉴于人们都有不喜欢听别人说自己不好的心理，在生活中我们可更多地采用一些巧妙的激将法。

例如，三国时期的诸葛亮很了解人们的这种心理，将这种心理运用得出神入化。在他布置任务时，一般都会采用激将法，故意说别人不行，把对方激起来，使其格外卖力，来证明自己是很不错的。诸葛亮的这个办法，收到了很多不错的效果。

客户总希望自己的投诉是对的，是有道理的，他们最希望得到的是同情、尊重和重视。处理投诉的坐席员及时向客户表示歉意，承诺进一步追查，并感谢客户的建议和支持，是化解客户因为自尊心受损导致不满的有效途径。

三、客户希望得到补偿

不同的客户会带着不同的目的来投诉,有的是出于经济上的原因,希望得到经济补偿,这是较为常见的;有的是出于心理上的原因,希望通过投诉来求得心理平衡,满足自己能受到尊重和照顾的心理需求。

例如,"我才买几天的相机呀,我好不容易请假带着家人去香格里拉旅游,想多拍些照片,可没想到还没拍几张就出问题了,真扫兴。打电话给你们的工作人员,还说是我使用不当,这可能吗?这牌子的相机,我都用过两个了,你们不但不给解决,还让我不爽,谁不会使用了?现在,你们不但要给我退货,还要给我经济赔偿,让我的旅途这么没趣,你们看怎么办吧?我是不会罢休的……"

一般来说,客户希望得到适当补偿的心理越急切,而又无法得到补偿时,其投诉升级的可能性就越高。投诉升级后,客户的满意度和忠诚度都会严重下降,导致客户离开的可能性升高。因此,从一开始就把为什么没有补偿、在何种情况下可以得到补偿、怎么补偿等问题向客户解释清楚,远比处理投诉升级来得快捷、有效。

任何企业都不可能确保自身产品或服务不发生任何差错。对于坐席员来说,一旦出现差错,就意味着服务失败。服务失败对"口碑传递"的影响极大,而"口碑传递"又是影响服务组织(呼叫中心)经营的极其重要的一环。服务失败出现后,服务组织应迅速推出补救服务,纠正失误,力争使不满意的客户重新成为自己的客户。客户投诉时心情十分急切,一旦进入服务组织就希望很快有人能意识到问题的存在并解决问题。因此,设计服务补救系统时,应当有适当程度的员工授权。对于小的投诉问题,一线员工就能解决;对于大的问题,也必须有一个迅速传递信息的渠道,使有权处理者能迅速解决客户问题。

四、客户发泄不满情绪

客户带着怒气进行投诉时,有可能只是为了发泄不满情绪,让郁闷不快的心情得到释放和缓解,来维持心理上的平衡。直接发泄不满意的情况多表现为重复投诉,在处理这类投诉时,坐席员的耐心尤为重要,应用恰当的词语及和善的态度安抚客户,并需要及时与相关部门联系确认问题所在,分清责任后再给予客户合理解释。在客户有较多投诉行为的情况下极易造成流失客户,对此企业应加强客户回访工作,进行充分的沟通。

面临抱怨、投诉时,坐席员采取什么样的心态来对待,这是十分重要的。撇开新员工缺乏服务素质和服务技巧不谈,领班、主管处置抱怨、投诉时,应从有效解决问题的角度来分析问题、排除阻碍,与客户达成共识,取得客户的谅解,赢得客户的好评和尊重,最忌讳将个人情绪化的态度带进处理过程中。

面对客户投诉,坐席员如果能够有效地维护客户的尊严,使之受到礼遇,挽回客户的面子,那么危机就会变成机遇,即将流失的客户就会变成忠实客户。因此,坐席员要用积极、乐观的心态看待客户想要的理想结果,解决投诉的过程就会变得顺畅。

任务实施

1. 规则与程序

(1) 两个学生为一组,一个学生扮演客户,另一个学生扮演坐席员,演练以下两个场景。

(2) 扮演客户的同学可以在对话中流露出期待解决问题、渴望得到尊重、希望得到补偿、发泄不满情绪等心理的一个或几个,扮演坐席员的同学要应用所学知识尽可能处理好投诉。

2. 模拟场景

场景1:客户抱怨设备安装、故障处理时限过长。

场景2:客户抱怨服务人员工作技能、服务态度差。

3. 点评

扮演客户的同学对扮演坐席员的同学的表现进行点评。

任务2　客户投诉处理

> **情境导入**

坐席员:"您好!有什么可以帮您?"

客户:"您好,上午我打过电话,我叫李春泰。我的那个事,8月22日,您给查了吗?到底是哪位签收的?"

坐席员:"您叫什么?"

客户:"李春泰。"

坐席员:"您是要查一下邮件寄到哪里了,还是?"

客户:"您帮我问一下吧,到底是谁之前接的电话,她说帮我查到底是谁签收的,查完了给我来电话,现在都过去三个小时了,一直没给我答复啊。"

坐席员:"您跟我说一下您的邮件号可以吗?我帮您再查一下。"

客户:"我上午已经说过了,她说马上给我答复,现在都三个多小时了,也没给我答复呢?"

坐席员:"是这样的先生,您订单的电话号码是多少呢?"

客户:"1331199××××。"

坐席员:"好的,我帮您查询一下。"

客户:"嗯。"

坐席员:"先生您好,您确认下订单的电话就是133的这个吗?"

客户:"是啊。"

坐席员:"那您之前打的是11185,还是11183呢?"

客户:"我打的是11185,之后她直接给我转到11183的。"

坐席员:"您打11185的时候,一定要听完语音提示,然后再转。您是在11185下的订单,您只能打11185。"

客户:"不是,我就是不知道你到底是干什么的!"

坐席员:"先生,请问还有什么可以帮您?"

客户:"您别老说是帮我,你到底怎么解决?"

坐席员:"先生,您之前打的是11185,您应该打11185咨询,我们这里是11183。"

客户:"不是,你的这个电话到底是干什么的?你就告诉我,你这个电话是干什么用的吧?"

坐席员:"我们是 11183 中国邮政的坐席热线。"

客户:"是坐席热线,那什么是坐席热线,你能给我解释一下吗?坐席热线是干什么的?"

坐席员:"先生您好?"

客户:"我不知道你这又给我转哪儿了?是 11185 还是 11183?到底是哪儿?"

坐席员:"您是打的 11185 下的订单,您再打 11185 咨询一下可以吗?"

客户:"你知道我想办什么事吗?你就订单订单的?"

坐席员:"您不就是下了单子后,没有上门取件吗?"

客户:"什么叫下了单子之后,没有上门取件呢?"

坐席员:"那您的意思是什么呢?"

客户:"8 月 22 日,她跟我说已经都发到我们单位了,但是我们单位没接到。都多长时间了,2 个多月了。"

坐席员:"那您方便告诉一下您的邮件号可以吗?"

客户:"谁没事老随身带着啊?"

坐席员:"是这样的,您查邮件,只能通过提供邮件号查询,没有的话您只能……"

客户:"那你问一下你们接电话的 126 是谁?"

坐席员:"您拨打的 11185,我们这边是没有 126 的。"

客户:"那你们到底是干什么的,来回转……我真要去投诉你了。"

思考题

如果你接到该客户的投诉,你会怎样做?

任务要求

我们不希望被投诉,但不能一味回避投诉。碰上投诉,要会巧妙运用处理投诉技巧安抚客户,处理好投诉的问题,并做好跟踪服务。

子任务 1 投诉处理的步骤

情境导入

今天一大早,小李一上班就接到了这样一个来电:"你们是抢钱吗?明说呀!上个月我的话费就多扣了几块,我就不说了,这个月又给我搞错了,我的话费我自己算过了,这个月最多就是 200 元,可你们的话费单上竟然有 388 元,你一定要给我解释清楚,否则我就告你们。"

思考题

如果你是小李，你会如何处理此事？

任务要求

完成上述案例的投诉处理。

知识准备

投诉处理主要包括以下步骤。

一、预测客户的需求，认真倾听，让客户平息怨气

在倾听客户投诉时，不但要听他表达的内容，还要注意他的语调与音量，这有助于了解客户语言背后的内在情绪和他的问题诉求。

客户在进行投诉时，多带有强烈的感受色彩，并且具有发泄性质，因此要平息客户的怨气。在客户盛怒的情况下，坐席员应当成为客户的出气筒，控制自己的情绪，对客户进行安抚，采取低姿态并承认错误，待客户恢复理智后，再与其分析、解决问题。

客户不满的时候，他只想做两件事：表达他此时的心情和迅速将问题解决。客户在发泄完不快之后，才会听坐席员说话。在客户发泄的过程中，坐席员需要细心倾听，发现对解决问题有效的信息要认真记录，并告知客户已记录下来，让他感觉到诚意，以及自己受到了尊重。同时，坐席员再使用一些恰当的表达方式，便能更好地平息客户的怨气。

例如，"您放心，我一定会帮您解决问题。""您放心，我一定会给您一个满意的答复。""我理解您的感受！""我明白您的意思！""要是我，我也会生气的。""谁碰到这样的事情都会不高兴的，我能理解……"

要避免使用"您可能不明白""您肯定弄混了""您应该""我们不会""我们从没""我们不可能""您弄错了，这是不可能的""您不要激动""您不要叫""您冷静一点儿"这样火上浇油的话术。

二、真诚致歉，满足客户的心理需求

客户在投诉时会表现出烦恼、失望、泄气、发怒等各种情感。有时我们可能心里会问："凭什么对着我发火？我的态度这么好。"但是我们知道愤怒的情感通常都会在潜意识中通过一个载体来发泄。因此，满腔愤怒的客户只是把你当成了倾诉对象。

客户的不稳定情绪是有理由的，其理应得到极大的重视和迅速、合理的解决，所以

要让客户知道你非常理解他的心情，关心他的问题，比如说："王先生，对不起让您感到不愉快了，我非常理解您此时的感受。"

无论客户的问题是否合理，先认同是对的，至少在客户的世界里，他的情绪与要求是真实的，我们只有与客户的情绪同步，才有可能真正了解他的需求，找到最合适的方式与他交流，从而为投诉的成功处理奠定基础。

坐席员的道歉表明了企业对客户的诚意，使客户感到自身的价值和重要性，客户会更加认同该企业。坐席员可能不是导致客户投诉的人，但也应该道歉，因为这位客户由你接待，而你代表着企业的整体形象。不要在客户面前责备其他同事，或为自己找借口，客户需要的是解决问题，错误在谁他并不感兴趣。找借口或者责备其他同事也可能令客户产生被推诿的感觉。道歉不是认错，而是让客户知道，企业对他的遭遇表示遗憾，企业很在意他的烦恼，并且会想尽办法尽快改正。此时，坐席员还要向客户致谢，感谢客户提出了企业在管理或服务方面需要改善的问题。客户的位置变化了，客户的态度也随之变化，怒火也就平息了。

可用这样的话术表示感谢："很抱歉我们让您感到失望了。""抱歉给您带来了不便。""您的话提醒了我们……谢谢您对我们的支持！"

三、用开放式提问让客户发泄情感，从而找出问题的实质

我们要给客户一个宣泄不满和委屈的机会，来分散其心中积压的情绪，如果放弃这个机会，将不利于投诉最终的处理。

我们听过了客户的抱怨，表示了歉意和感谢，但并未真正解决问题，这时就需要通过提问进一步明确客户投诉的原因，解决客户的问题。尽管客户在发泄阶段说了很多话，但可能会忽略一些重要的信息，或者忘了说出来，而这也许正是问题解决的关键。因此，我们要用开放式的问题引导客户，让他打开话匣子，把投诉由情绪带入事件，讲述事实，提供资料，从而了解客户真实的需要，让客户跟着我们的思路走，避免其漫无边际地抱怨，正确并迅速地解决问题。

可采用这样的话术："您详细告诉我是怎么回事，好吗？""您说的是……是吗？"

四、提出一个互相可以接受的解决方案

在明确了客户的问题之后，很显然，下一步要做的就是拿出一个双方均可接受的问题解决方案。注意解决方案中绝对不能包含自己权限范围以外或者公司不允许的内容，若承诺无法兑现，客户会更加愤怒，客户很可能再也不会回来了。

当坐席员的服务态度或服务技巧欠佳时，也会引起客户的投诉，此时客户需要的也

许仅仅是道歉。当错误确实无法通过退换货物进行改正，或通过道歉来弥补时，就要给予客户一定的补偿性关照。补偿性关照包括送赠品，如礼物、商品或服务；公司承担额外的成本，如送货费用；个人表达，表示歉意和关心。补偿性关照是在感情上给予客户一定的安抚和补偿，但是它不能替代服务，所以接下来，我们要表示愿意提供帮助。

可采用这样的话术："让我看一下该如何帮助您。""我很愿意为您解决问题。"

正如前面所说，当客户正在关注问题的解决方案时，如果我们体贴地表示乐于提供帮助，自然会让客户感到安全、有保障，从而进一步消除客户与坐席员的对立情绪，取而代之的是依赖感。

五、达成解决方案

尽管我们从专业的角度提供了相应的解决方案，但是客户可能还是不满意、不接受，这时最好征询客户的意见，比如说："您希望我们怎么做？"这样客户会觉得自己得到了尊重，心里会很满意。但是，客户的要求可能会出乎坐席员的意料，超过公司规定的范围，这时坐席员要巧妙地运用达成协议的技巧，告诉顾客你能给予的是很重要的，而你不能给予的是不重要的，或者可以让客户提出其他的选择，把客户的注意力转移到另一边。例如，"您觉得这样行吗？""您觉得这件事情怎么处理比较好？"

六、回访满意度并跟踪服务

在某些品牌公司的售后服务中，当客户买了他们的产品后，他们会在之后的几天里给客户打电话，询问客户对产品的使用情况，客户对此举非常欢喜。即使在没有出现问题的情况下，我们也应当跟踪客户的感受，那么在客户投诉之后，就更需要我们了解客户的感受了。跟踪服务的形式有打电话、发电子邮件或发信函，通过跟踪服务，我们要向客户了解解决方案是否得到执行，是否有用，是否还有其他问题，是否满意等。

如果坐席员与客户联系后发现他对解决方案不满意，就需要继续寻求一个更可行的解决方案。在对客户的跟踪服务中，无论是打电话还是发邮件和信件，都应遵循一定的要求。

跟踪服务可以反映公司对客户的诚意，能够打动客户，并给客户留下深刻印象。要知道，开发一位新客户的成本是维护一位老客户成本的5~8倍。也许有的坐席员会认为这种方式会助长客户占便宜的心理，其实没有这个必要，客户大多是理智的，不会为了占便宜而要求退钱或换货，况且从满意客户口中传播出去的免费广告给企业带来的利润，会远远胜于一小部分别有用心的客户造成的微小损失。因此，一个好的企业在这方面是做得比较好的。

任务实施

活动：情境模拟。

案例：李先生来电称，自己打114查餐厅号码，电话被转接到订餐中心，由于自己知道的餐厅名字与话务员所说的不一样，就问了句"字是哪个，没听清"，就被话务员骂了"傻×"。

小组讨论：你接到该投诉，你会怎样做？

任务：

（1）按讨论出的步骤进行情境对话。

（2）通过情境模拟，写出心得。

目的：进行客户投诉处理步骤的训练。

子任务2　处理投诉的技巧

情境导入

一位客户在一家饼店自选商品，因其对食品夹的使用方法不当，以至于连续夹碎两块葡式蛋挞，既无歉意，也无意购买。

导购员A是一名刚入职的员工，责任心强，但沟通技巧有限。

导购员A站在旁边，见客户夹坏了第一块蛋挞时，就对客户说："您不会用食品夹，我来教您好吗？"客户看了她一眼，接着又夹碎了第二块，且用力较大、动作较快，明显带着赌气的成分。

导购员A对客户说："这两块蛋挞您夹坏了，您要么买回去，要么赔偿！"

客户说："我没有见到你们店里有这样一条规定啊！写出来了吗？贴在哪里啊？"

于是，导购员A与客户产生了争执。

这时，领班B走了过来，了解了事情的经过后，对客户说："算了，算了，不要赔偿了，不要赔偿了！"

客户偏又得理不饶人，说导购员A说话不中听，损了她的面子，坚持要求导购员A当面对其赔礼道歉。领班B一听，认为客户有些过分，便拒绝了客户的要求。

客户说："你们店里的服务员服务素质太低，东西我不买了，我还要告诉所有的人，今后我们都不会到你们店里来买东西！"

就在客户将要出门之际，领班B忍不住对着客户的背影说了一句："没有钱就别来店里买东西！"

谁知这句话居然被客户听见了，客户转过身来，掏出钱包，将包里的钱全掏出来，

"啪"的一下狠狠地拍在收银台上,大声嚷嚷:"谁没有钱啦!谁说的?是哪一个说的?"

店长 C 正好听到了吵闹声,忙将客户请到休闲区的座位上坐下来,送上茶水,然后请客户讲了事情的经过,店长 C 很诚恳地向客户道歉。

客户说:"不行,我要你罚她 500 元钱,然后赔给我,这样才能给她一个教训!"

店长一听,觉得客户简直不可理喻,渐渐地也有了一丝恼怒。双方讨论了两个回合后,店长 C 忍不住说:"起初不对的是您,然后才产生了后来我们服务员说话过火。如果您坚持赔钱,我就要怀疑您今天的动机了。"

客户大怒,要求店长告诉其总经理的电话,她要投诉至公司最高领导。

思考题

如果你是导购员 A、领班 B 或店长 C,会如何处理此事?

任务要求

掌握处理投诉的技巧,能够让我们在真正面对客户投诉的时候,将每一次投诉有效地化解。

知识准备

在工作中,我们会面对形形色色的客户,他们会提出不同的诉求,有的根本就不给你说话的机会,劈头盖脸一阵痛骂,有的情况稍微温和一些,会听你道歉。因此,根据客户的性格类型不同,所采用的应对方法也有所不同,了解客户的性格,可以避实就虚、投其所好,给予客户相应反馈,赢得客户的好感。每一位客户都有各自不同的性格特点,我们要学会分析客户的性格,采用他所喜爱的方式与之交往,才能更有利于我们处理问题。

一、应对活泼型客户

活泼型客户情感外露,热情奔放。只要这种类型的人在场,就永远是欢声笑语。可一旦遇到麻烦,他们的热情与欢笑就会消失得无影无踪,会显得不成熟、没条理,缺乏责任心。他们接受新事物比较快,但缺乏持久性。

应对活泼型客户,一定要满足他们爱说话的习惯,千万不要打断他们,要对他们的发言给予肯定和欣赏,这样他们很快就会喜欢你。这类客户在电话中的声音表现为态度友好、音量较大、语速较快、说话内容分散,常说一些与所讲事情关联不大的内容,比如在反映产品质量问题时,他们通常说着产品给他们带来的不利,转而又谈到产品作为礼物是很有意义的之类的话题,然后再谈因为产品的质量原因而导致的不良后果等。

对于活泼型客户，应使用以下话术："我跟您的想法一样。""我非常同意您的观点。""我非常理解您现在的感受。""您发现的问题，我也有与您同样的感受。"

二、应对完美型客户

完美型客户往往着眼于长远的目标，他们比其他性格的人想得更多，所以总是能从一个更高的层面来看待问题，善于为自己选择的事情做好规划，并确保每一个细节都完美无瑕。

由于过分追求完美，他们会显得很苛刻，对周围人和事的要求都会很高。他们总是先倾听坐席员的发言，无论是否满意都不轻易表态，他们总是对坐席员提供的新方案不置可否，但会在心里进行评价。

应对完美型客户时，服务态度一定要认真，不能有丝毫马虎。与这类客户沟通的关键点是要细致，"用罗列""分层次"。例如，"对于您提出网络不能够正常使用的问题，我有四点建议：第一步，检查电源线是否全部连接；第二步，若电源全部连接，再检查一下路由器的指示灯是否正常亮；第三步，若以上两点都正常，应关闭路由器的电源，五分钟后再打开；第四步，开启后还是不能正常上网，我们将派技术人员上门服务。"

三、应对力量型客户

力量型客户似乎永远充满活力，永远在赶超自己的极限，他们的字典里有两个重要的词：目标和成功。他们非常在意工作的结果，但是对于过程和人的情感却不关心，希望控制一切，经常强硬地按照自己的愿望发出指令，显得霸道、粗鲁和冷酷无情。他们往往有自己的成熟想法。只要按照他们的要求，他们就会很快将情绪归于平稳。

应对力量型客户时，即使他们说的不对，也不要反驳，只要按照正确的方式把事做好就行了，因为他们关心的是结果。应对力量型客户，坐席员要给予其尊重。

常用的话术："您做的决定非常正确。""您真是一个明智的人。""您真是某领域的专家。"

四、应对平和型客户

平和型客户属于情绪内敛、处事低调的乐天派。他们总是能够很耐心地应对那些复杂的局面，习惯遵守既定的游戏规则，在风暴中保持冷静。

他们会认真地倾听，并且乐于接受建议，即使别人工作上存在失误，他们也会表现出原谅和理解。对于平和型客户，坐席员应积极应对，主动把握，因为他们不会直接批评你。

常用的话术："我给您推荐的产品是行业第一。""我相信这个产品很适合您和您的家人。""我有很多与您一样的朋友都在使用这个品牌，因为它是身份和成功的象征。"

任务实施

活动：情境实训。

背景：消费者张先生来电投诉称自己未同意办理业务（天翼绿网，挂机短信，爱心通，理财顾问，通信助手，法律秘书，爱动漫，翼机通，旺铺助手……），而被强加办理了，并扣费10元，并且用中国电信号码拨打10000还收取自己通话费1.2元，对此他非常不满，要讨个说法。

提示：处理流程为10000接到投诉，记录并转到负责此业务的电信部门投诉专席，由负责投诉的部门转到承接业务的部门（电子渠道业务部、创新业务部等），此过程要注意监听录音，坐席员的话术也要规范。营销主管回客户电话，处理结果为返还客户业务费10元。但由于客户在省外，拨打10000产生通信费1.2元（客户在网上营业厅查询到，在电信账务系统里未产生通信费），客户还要求赔偿1.2元通信费。最终处理结果为返还张先生10元增值业务费以及1.2元通信费。

方法：分小组讨论。

时间：15分钟。

任务：分析该客户性格类型并讨论处理该投诉的步骤和方法。

目的：训练处理投诉的能力。

子任务3　投诉处理应注意的问题

情境导入

某位客户到营业厅办业务，因为人多，决定等到人少的时候再办理，谁知一等就等到了晚上6点，这时，客户去找营业员办理业务，但营业员告诉客户现在已经下班了，要办理业务需要等到明天。客户十分不满，于是将电话打到了客服中心，客服中心受理后及时转发到了该营业厅，要求该营业厅负责人处理此事。而后营业厅负责人与客户取得了联系，询问客户当日是哪一位营业员受理的业务，由于投诉之后客户便出差办事，事隔多日，客户已经想不起来是谁了，负责人在向客户道歉后便向客户解释为何会出现此情况，同时表示客户此举严重影响了营业厅的服务质量考核。待通话结束后，客户再次向客服中心投诉，并表示对服务整体水平不满。

思考题

想一想该客户为何对营业厅的投诉反馈不满?

任务要求

在处理客户投诉的过程中,应先处理感情,再解决问题。要站在客户的角度去看待问题,保持一个积极良好的心态,使客户感到被尊重,要选择积极、正面的用词及方式与客户沟通,让客户带着气来,怀揣着愉悦走。

知识准备

我们不希望有投诉,但我们不能回避投诉。我们应以"严格、认真、主动、高效"的工作态度去处理投诉问题,查找原因,扎扎实实地提升服务质量和企业形象。这样就可以变坏事为好事,从根本上减少投诉。在处理投诉过程中,应避免出现以下情况。

一、推卸责任

在工作中,我们应勇于承担责任。在处理投诉的过程中最忌讳出现推卸责任的情况,把客户像皮球一样踢来踢去,最后都说不知道,把皮球踢了一圈又一圈,而实际问题一直还没解决,这样很可能造成这个客户永远地背离这个企业。例如,"这问题,您得问销售部,我不清楚……""我可没说过啊!""您拨打另一个号码问一下吧!"

无论客户投诉的是哪一个部门或哪一个人,只要是你接的电话,就要勇于把责任承担起来。

二、敷衍了事

坐席员在面对客户投诉的时候,往往表面上做足了文章,做足了平复客户心态的工作,但是却不为客户真正解决事情,客户投诉之后,一切消息就石沉大海。这种情况是不允许发生的。例如,"我不是和您说了吗?我会为你处理的,您别老打电话……""就只能这样子啦!我还有其他事呢!"

三、拖延时间

这样的坐席员想着客户哪能耗得起时间,所以从上到下的答复如出一辙,不是经理不在,就是让客户明天再来。例如,"我知道了,您再等等吧!""我不是已经在为你办理了嘛!"

在一开始处理投诉的时候,坐席员就要向客户承诺解决时间,并在承诺时间内将问题解决。

案例

A:"您好,5445号很高兴为您服务,请问有什么可以帮您?"

B:"我在你们那订了票,还没有送过来,你帮我看看什么时候送,我好安排人签收啊。"

A:"抱歉,请问您是欧××先生吗?"

B:"是呀,我下订单已经好几天了。"

A:"非常抱歉,欧先生,请您稍等,请问您预订时的电话号码是多少?"

B:"你看不到吗?就是我打的这个电话订的。"

A:"您好,请问您订的是3月14号的《茶花女》80元的门票两张是吗?"

B:"是。"

A:"您好,欧先生,您的订单是在我们网上提交的,由于您的电话停机,我们一直联系不上您,故一直没有给您出票。"

B:"那我在留言那里不是说了要今天给我送过来的吗?怎么回事呀?还有票吗?"

A:"非常抱歉,欧先生,我很明白您着急的心情,请您原谅,目前还是有票的,但是要明天才能给您送过去了,可以吗?"

B:"不行,今天你们一定要给我送过来,现在才3点,你们安排一下不就得了吗?谁要你们不出票呢。"

A:"欧先生,为了保证票务的正常使用,我们所有订单都务必与客户取得联系后才能出票的,实在抱歉,请您原谅。"

B:"不管,反正你们今天一定要给我送过来。"

A:"欧先生,您看我先与快递公司联系,稍后给您回复,好吗?"

B:"好吧,快点儿啊。"

A:"实在抱歉,感谢您对我们工作的支持,再见!"

思考题

1. 在该案例中,针对此类情况,请找出解决的方法。

2. 按正确的处理技巧完成情境模拟。

任务实施

活动:情境实训。

任务:

(1) 认真阅读下述案例,回答问题。

（2）角色扮演进行情境模拟。

目的：客户投诉处理技巧的训练。

案例：2009年"五一"期间，杭州所有酒店的客房都爆满。5月1日下午，坐席员小周接到客户王总的订房电话，因为王总是常客，小周格外小心，把当时唯一的标准间留给了他，并约定抵店时间是当晚23：00。在这期间，有许多客户预订该酒店，小周都婉言拒绝了。但直到23：40，王总还没抵店。小周心想：也许王总不会来了，如果再不订出去，24：00以后就很难订出去了。为了酒店的利益，小周将房间订给了正在焦急等房的客户。24：00，王总出现在总服务台，并说因为车子抛锚手机又没电，没有办法联系。一听说房间已经订出去了，他顿时发火，立即投诉并要求酒店赔偿损失，并声称以后不再住这里。

问题：

（1）面对这种情况，小周应如何应对？

（2）该案例给予我们何种启示？

评价与反馈

任务名称				任务完成时间			
子任务名称				组长签字			
工作组组别				教师签字			
序号	姓名	自我评价（15%）	组长评价（25%）	教师评价			
				工作态度（10%）	技能水平（30%）	完成情况（10%）	团队协作能力（10%）
1							
2							
3							
4							
5							
6							
小组总结：							

巩固与提高

1. 你是怎样看待投诉的？
2. 在生活中，你有过投诉经历吗？请举例分享你的经历。

3. 从客户的心理期望出发，你认为哪些具体原因可以引发客户服务投诉？

4. 如果你是一个坐席员，接到客户来电称"我家的网络这两天常掉线"，你会怎样来处理呢？与大家分享你处理的过程。

5. 客服中心接到客户来电称："我今天到××商场柜台买了一套以前一直在使用的××护肤品，回家发现和以前用的不一样。"请用你所掌握的知识分析客户的心理。如果你是该坐席员，你会怎样来处理此事？

参考文献

[1] 金天相，骆峰．现代交际技巧与语言艺术．北京：中国物资出版社，1994．

[2] 肖世才，刘宏勋，李俊杰．最有效的沟通：三十天使你成为人际高手的秘道．西安：陕西师范大学出版社，2010．

[3] 黄琳．有效沟通：王牌沟通大师的制胜秘诀．北京：中国华侨出版社，2008．

[4] 惠亚爱．沟通技巧．北京：人民邮电出版社，2008．

[5] 周增文．肢体语言的心理秘密．北京：北京工业大学出版社，2008．

[6] 景宏．交际的艺术．北京：海潮出版社，2002．

[7] 郭念锋．心理咨询师：基础知识．北京：民族出版社，2011．

[8] 许乃威．59秒管理．3版．成都：成都时代出版社，2011．

[9] 舒冰冰．电话销售实战案例精选．北京：机械工业出版社，2011．

[10] 张超．客户沟通能力教程．北京：中央广播电视大学出版社，2011．

[11] 赵溪．客户服务导论与呼叫中心实务．3版．北京：清华大学出版社，2010．

[12] 马丽．沟通的艺术．北京：中国协和医科大学出版社，2004．

[13] 惠亚爱．沟通技巧．2版．北京：人民邮电出版社，2013．

[14] 武洪明，许湘岳．职业沟通教程．北京：人民出版社，2011．